中国少儿知识小百科

民俗大观

Minsu Daguan

方辉 主编

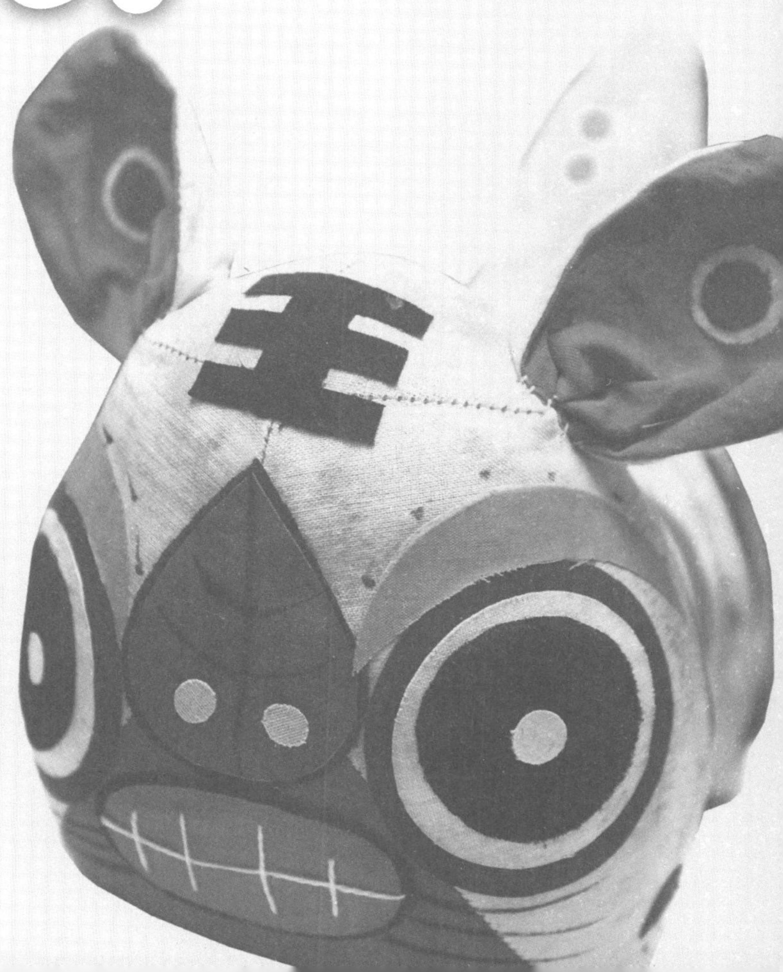

山东大学出版社

图书在版编目（CIP）数据

民俗大观 / 方辉主编．—济南：山东大学出版社，2017.1
（中国少儿知识小百科）
ISBN 978-7-5607-5430-7

Ⅰ．①民… Ⅱ．①方… Ⅲ．①风俗习惯－中国－少儿读物 Ⅳ．① K892-49

中国版本图书馆 CIP 数据核字（2015）第 305995 号

责任策划：陈海军
责任编辑：刘森文
封面设计：张　荔

出版发行：山东大学出版社
社址　山东省济南市山大南路 20 号
邮编　250100
电话市场部（0531）88364466
经销：山东省新华书店经销
印刷：山东金坐标印务有限公司
规格：787 毫米 ×1092 毫米　1/16
6.75 印张　156 千字
版次：2017 年 1 月第 1 版
印次：2017 年 1 月第 1 次印刷
定价：20.00 元

出版人语

书籍是人类进步的阶梯，同学们在这条阶梯上攀登时，你们的脚步更多地承载着家庭和社会的希望与未来。

《中国少儿知识小百科》丛书紧紧围绕新课程标准进行设计和编写，根据广大同学的阅读水平和思维能力，侧重可读性、趣味性和拓展性，涉及 10 个学科门类，包括动物、植物、科学、艺术、民俗、体育、天文、地理、历史、军事等方面的有用和有趣知识，内容全面，通俗易懂。本丛书共设 3000 多个条目，并附有 3000 多幅相关插图，让大家在阅读时产生浓厚兴趣，增加知识，开拓视野，提高思维能力和语言能力。

本丛书将引领读者朋友游览《动物王国》，访问《植物城堡》，仰望《天文奇观》，俯视《地球家园》，参观《艺术长廊》，历数《民俗大观》，漫步《历史博览》，访问《科学驿站》，阔论《军事纵横》，走进《体育世界》，探索科学知识，认识大千世界。其中穿插的“洋话天天说”“诗词贝贝乐”“思维对对碰”“肚皮笑笑破”“我来考考你”等栏目，可拓展知识面，增加趣味性，生动活泼，寓教于乐，把学习知识、激发兴趣、培养能力融为一体，让大家更加积极主动地去探索奇妙的世界。

本丛书体例新颖，内容丰富，既收纳了各学科的基本知识点，又融入了各学科的新发现和新成果。在语言的叙述和表达上，力求生动活泼，深入浅出，把人类的常识和深奥的哲理与同学们熟悉的事物联系起来，引领读者朋友由近及远，由表及里，从已知到未知，迈开探索的脚步勇敢地进入科学知识的广阔天地。

《中国少儿知识小百科》丛书是一个集知识性、趣味性、益智性、拓展性、实用性于一体的适合广大同学阅读的百科知识宝库。同学们，让我们一起开始充满乐趣和惊奇的“寻宝”之旅吧！

目录

第一章 香飘四海的中华饮食

同学们，你想知道我们国家都有哪些饮食文化吗？你想知道酒有多少种，茶有多少类吗？来，让我们一起去认识一下。

酒里乾坤

同学们，逢年过节、全家人一起聚会的时候，你见过爸爸妈妈、叔叔阿姨们喝酒庆祝的情景吗？酒在我们国家可有着相当悠久的历史，你想知道中国都有哪些酒文化吗？那么，就请跟我走进这一节，让我们一起去了解一下吧！

酒的起源

关于酒的起源，自古以来有多种说法。有人说是夏禹时期的仪狄发明了酿酒，他还把所酿的美酒献给禹。也有人说夏朝的杜康从粮食发酵的现象中受到启发，从而发明了酿酒。

其实，早在杜康和仪狄之前，我国劳动人民就已经普遍采用谷物来酿酒了，甲骨文中就有很多用酒祭祀祖先的记载。这说明现在我们所喝的酒，是我国人民在总结生活经验的基础上，通过不断地改造和创新发明的。

酒的分类

中国酿酒的历史大约有 8000 年之久，在这漫长的历史发展中，逐渐形成了具有五大类别、百十个品种的中华酒系。同学们，下面我们就看看这五个类别的酒。

首先是黄酒，黄酒是我国最古老的传统酒，是以大米等谷物为原料，经过蒸煮、糖化、发酵和压滤而成的酿造酒。黄酒营养价值高，且对人体有益无害。

其次是常见的白酒，白酒是中国特有的一种蒸馏酒，由淀粉或糖质原料制成酒醅（pēi）经蒸馏而得，又称“烧

于易水送人

（唐）骆宾王

此地别燕丹，壮士发冲冠。
昔时人已没，今日水犹寒。

酒”“老白干”“烧刀子”等。酒质无色（或微黄）透明，气味芳香纯正，入口绵甜爽净，酒精含量较高。白酒的主要成分是乙醇和水（占总量的98%～99%）。

同学们对果酒不陌生吧？果酒是以各种果品和野生果实如葡萄、梨、山楂、杨梅等为原料，采用发酵酿制法制成的各种低度饮料酒。果酒在我国从汉代起就开始出现了。

还有配制酒，就是以发酵原酒、蒸馏酒或优质酒精为酒基，加入花果成分，或动植物的芳香物料，或药材，或其他呈色、呈香及呈味物质，采用浸泡、蒸馏等不同工艺调配而成的酒。春秋战国之前我国就有很多种类的配制酒。

再说说啤酒，啤酒是以大麦和啤酒花为原料制成的一种有泡沫和特殊香味、味道微苦、酒精含量较低的酒。早在3200年前，我国就有一种叫作“醴(lǐ)”的甜酒，类似于现在的啤酒。

酒的礼俗

我国远古时代，酒被视为神圣的物质，酒的使用，更是庄严之事，非祀天地、祭宗庙、奉嘉宾而不用。随着酿酒业的兴起，酒才逐渐成为人们的日常生活品，饮酒习俗也才逐渐广泛起来，一年中的几个重大节日，都有相应的饮酒活动，如端午节饮“菖蒲酒”，重阳节饮“菊花酒”，除夕夜饮“年酒”。在一些地方，如江西民间，春季插完禾苗后，也要欢聚饮酒，庆贺丰收时更要饮酒。除了节日外，凡遇婚丧嫁娶等重大活动，亲朋好友相聚，也都要以饮酒来表达庆贺或者悲伤之情。

ABC 洋话天天说

A：It's time to eat.
B：I'm coming.
A：Did you wash your hands well？
B：Yes.
A：该吃饭啦！
B：这就来啦！
A：手洗干净了吗？
B：洗干净了。

彬彬有礼的劝酒习俗

中国人喝酒时，往往都想让对方多喝点，以表示自己尽到了主人之谊，客人喝得越多，主人就越高兴。中国人敬酒的方式有很多种。首先是文敬，即有礼有节地劝客人饮酒。其次是回敬，就是客人向主人敬酒。互敬，这是客人与客人之间的互相“敬酒”。本人不会饮酒，还可请人代饮。小朋友不能喝酒，那么可以以茶代酒。客人迟到了，还要“罚酒三杯”。

藏族人民也喜欢饮酒，他们的劝酒方式是客人先喝一口，主人马上斟满杯子，客人再喝第二口，主人再给斟满，客人接着喝第三口，主人再次斟满。然后，客人就得把满杯酒一口喝干。这种习惯叫“三口一杯”。劝酒时，主人常在一旁诚挚地唱祝酒歌，很是感人。

雅俗共赏的行酒令

饮酒行令，是中国人在饮酒助兴时特有的一种方式，也是筵宴上助兴取乐的饮酒游戏，西周时候就开始盛行，到隋唐时代才逐步完备起来。

酒令分为雅令和通令。雅令的行令方法是：先推举一人做令官，或出诗句，或出对子，其他人按首令之意续令，所续必须在内容与形式上相符，不然则被罚饮酒。通令的行令方法主要有掷骰、抽签、划拳、猜数等。通令最容易使酒宴中的气氛热烈起来，因此很受欢迎。最常见的就是“猜拳”，即用若干个手指的手姿代表某个数，两人出手后，相加后必等于某数，出手的同时，每人报一个数字，如果甲所说的数正好与加数之和相同，则算赢家，输者就得喝酒。如果两人说的数相同，则不计胜负，重新再来一次。

琳琅满目的酒器

同学们，你们见过酒盅吗？酒盅是常见的酒器，其实酒器可多了。按材料分，有陶制酒器、青铜酒器、漆制酒器、瓷制酒器、玉制酒器、水晶酒器、金银酒器、锡制酒器、景泰蓝酒器等。按用途分，有盛酒器，如尊、壶、区、卮（zhī）、皿、鉴、斛（hú）、觥（gōng）、瓮、瓿（bù）、彝等；有饮酒器，如觚（gū）、觯（zhì）、角、爵、杯、舟等；还有温酒器，如樽等。

妈妈夹起鱼放到了贝贝的碗里，说："妈妈知道你最爱吃鱼了，今天做的鱼可香了，快尝尝。"贝贝迫不及待地吃了起来，边吃边说："这鱼真好吃，要是不放刺就更好了。"

在这些琳琅满目的酒器当中，还有一些著名的酒器艺术品，它们不仅具有很高的使用价值，而且还具有极高的收藏和欣赏价值。如夜光杯，就是玉石制作的酒杯，在晚上能映射出明亮的光芒。再如倒流壶，此壶为北宋耀州窑出品，在壶底有一小孔。灌酒时，壶底向上，酒从小孔注入。正置酒壶时，下孔不漏酒，行酒时酒也不会从壶嘴溢出来，设计颇为巧妙。

我来考考你

1. 酒的分类有______、______、______、配制酒、______等。
2. 你知道我国最早的酒器是由什么做成的吗？

茶香四溢

同学们，你们喝过茶没有？茶可是我们中国人日常生活中不可缺少的一部分，中国有句俗语："早起开门七件事，柴米油盐酱醋茶。"由此可见，中国人饮茶有着久远的历史。这一节，就让我们来学习一下有关茶的知识。

茶史纵横

茶的最早发现与利用，是从药用开始的。在中国的文化发展史上，往往把一切与农业、植物相关的事物起源都归结于神农氏。"神农尝百草，日遇七十二毒，得茶而解之。"传说茶是神农在野外用锅煮水时，刚好有几片叶子飘进锅中，煮好的水，其色微黄，喝入口中生津止渴、提神醒脑，以神农过去尝百草的经验，判断它是一种药而发现的，这是有关中国饮茶习俗起源最普遍的说法。

茶的种类

同学们，茶的种类可多了，你家喝的茶都有哪些？下面，让我们看看茶叶都有哪些不同的种类。

绿茶是比较常见的，是没有经过发酵的茶，即将经过摊晾的鲜叶直接下到一二百度的热锅里炒制，以保持其绿色的特点，在夏天常饮用此茶。红茶与绿茶恰恰相反，是一种全发酵茶。红茶的名字源于其汤色。同学们，你们见过黑色的茶叶吗？黑茶属后发酵茶，是在已经制好的晒青绿毛茶上浇上水，再经过发酵制成的。不但有黑茶，还有黄茶和白茶，黄茶的制法有点像绿茶，不过中间要经过闷黄工序。白茶是通过萎凋、干燥制成的一种外观呈白色的茶。

送杜少府之任蜀州

（唐）王勃

城阙辅三秦，风烟望五津。
与君离别意，同是宦游人。
海内存知己，天涯若比邻。
无为在歧路，儿女共沾巾。

茶的礼俗

中国是文明古国、礼仪之邦，很重礼节。凡客人来，沏茶、敬茶的礼仪是必不可少的。同学们，茶的礼俗可是由来已久了，中国两汉、三国、两晋时期，在不少地区已形成饮茶礼俗。中国各族人民，家家户户无不以茶待客，表示敬意。尤其是在重要的节日或喜庆宴会上，更要先沏一杯香茶待客。江南一带还有以在茶碗盖上或盏托边放置两颗青橄榄的"元宝茶"敬客的礼节。再如汉族的婚姻礼俗，在定亲时，女方接受男方的聘礼，称为"受茶"或"吃茶"，从迎亲到成礼的婚仪中，祭祖、拜见长辈等都要献茶、敬茶。长辈馈赠的见面礼也称"茶包"。藏族婚姻中也以砖茶作为聘礼。云南边区少数民族新婚夫妇有饮"合欢茶"的礼俗。贵州、广西、湖南、江西等毗邻地区少数民族间流行的打油茶、女儿茶，更是婚姻中新婚夫妇合欢和敬客的必备品。

ABC 洋话天天说

A：I'm home.
B：Welcome back. Did you have a good time？
A：Yes，I did．Can I go out to play？
B：After you finish your homework.
A：我回来了。
B：欢迎你回家。今天过得愉快吗？
A：是的，很愉快。我可以出去玩会儿吗？
B：写完作业再去吧。

漫话茶道

茶道是一种以茶为媒介的生活礼仪，也被认为是一种修身养性的方式，它通过沏茶、赏茶、饮茶来增进友谊、怡心修德。茶道兴起于中国唐代，盛于宋、明。中国茶道讲究五境之美，即茶叶、茶水、火候、茶具、环境，同时合以情绪等条件，以求“味”和“心”的最高享受。茶道精神是茶文化的核心和灵魂。被称为“美学宗教”，以和、敬、清、寂为基本精神的日本茶道，则是对中国茶道的继承和发展。

思维对对碰

题目：哪个数字最懒？哪个数字最勤劳？

答案：一不做二不休。

有个人想留客人在家吃茶，可是家里没有茶叶，于是他就去邻居家借茶叶。过了很久，他还没回来。妻子在家里烧水，水开了，她就加些冷水再烧。过了很久，锅里的水都要满了，丈夫回来后，茶叶却没借到。妻子对丈夫说：“茶是吃不成了，不如留他洗个澡吧。”

茶具斗奇

同学们，你的家里喝茶用的茶杯、茶碗就是最常见的茶具。茶具，古代亦称“茶器”或“茗器”。“茶具”一词最早出现在汉代。西汉辞赋家王褒《僮约》有“烹茶尽具，酺(pú)已盖藏”之说，这是我国最早提到“茶具”的一条史料。到唐代，“茶具”一词在唐诗里经常出现。现代人所说的“茶具”，主要指茶壶、茶杯等这类饮茶器具。唐代文学家皮日休《茶具十咏》中所列出的茶具种类有：茶坞、茶人、茶笋、茶籝(yíng)、茶舍、茶灶、茶焙(bèi)、茶鼎、茶瓯、煮茶。除了上述茶具之外，在各种古籍中还可以见到的茶具有：茶磨、茶碾、茶臼、茶柜、茶榨、茶槽、茶宪、茶笼、茶筐、茶板、茶挟、茶罗、茶囊、茶瓢、茶匙，等等。

在这些茶具当中，有一种叫作紫砂壶的饮茶器具，由于它的坯质致密坚硬，耐寒抗热，泡茶无熟汤味，能保真香，且传热缓慢，不易烫手，用它炖茶，也不会爆裂，因此成为饮茶者最喜爱的器具之一。我国的紫砂茶具，以江苏宜兴的为最佳。

茶艺展示

同学们，听说过茶艺吗？茶艺萌芽于唐，发皇于宋，改革于明，盛极于清，可谓渊远流长，自成系统。茶艺是指包括选茶、备器、择水、取火、候汤、习茶以及茶技表演等在内的一整套较高级别的饮茶过程。要想泡好一壶功夫茶，须注意水质、水温、茶量与茶具等要素；水必须选用清新的软水（含矿物质较少者），切忌用硬水；水温因不同茶叶的冲泡而有所不同，对大部分的茶种而言，以接近 100℃冲泡为宜；但绿茶类及轻发酵茶类不宜过高，通常不宜超过 90℃。

我来考考你

1. 我国茶的种类有____、____、____、____、____。
2. 我国最早的茶学专著是谁写的呢？这本书叫什么？

食在中国

同学们，人们都说我们中华饮食博大精深，你们知道为什么吗？那是因为我们国家不仅有辉煌富丽的八大菜系，而且还有各种各样富有地方特色的名吃。下面就让我带你们去领略中华各色美食吧！

回乡偶书

（唐）贺知章

离别家乡岁月多，近来人事半消磨。
唯有门前镜湖水，春风不改旧时波。

菜系争辉

鲁菜、苏菜、浙菜、徽菜、粤菜、闽菜、川菜、湘菜是我们国家最为著名的八大菜系，它们按地域分布于我国大江南北，是我国丰富的饮食文化中极其重要的组成部分。同学们，你们知道它们都各有哪些特点吗？

我们先来看一下鲁菜和苏菜。鲁菜起源于春秋战国时的齐国和鲁国，是“北食”的代表。鲁菜讲究调味纯正，口味偏于咸鲜，具有鲜、嫩、香、脆的特色。苏菜起始于南北朝，是我国“南食”的代表。苏菜其味清鲜，咸中稍甜，注重本味。与苏菜齐名的是浙菜。

浙菜菜式小巧玲珑，清秀俊逸，菜品鲜美滑嫩，脆软清爽，运用香糟调味。徽菜和苏菜、浙菜一样，也属南菜。徽菜以烹制山珍野味、河鲜鱼鳖及讲究食补、火功见长，重油重色，口味咸鲜微甜。说起川菜，相信同学们一定都知道！对极了，川菜一向以辣出名。川菜在秦末汉初就初具规模，而今已遍及世界许多国家。川菜尤以麻辣、鱼香、怪味出名。湘菜是一个与川菜齐名的菜系，辣味菜和腊制品是其主要特色，口味偏重酸辣，烹调技艺擅长煨（wēi）、蒸、煎、炒。南菜中，最具特色的就是粤菜。粤菜具有清鲜、爽滑、脆嫩的风味特点，讲究清而不淡，鲜而不俗，脆嫩不生，油而不腻。粤菜用料奇异广博，以山珍海味闻名天下。与粤菜相似的是闽菜。闽菜口味偏重甜、酸和清淡，烹调技艺擅长炖、煮、煨，重视刀功。

ABC 洋话天天说

A：I'm going to cram school now.
B：Call when you finish.
A：我去补习学校了啊。
B：下课后来个电话。

烹炒煎炸

烹、炒、煎、炸是我们中华饮食的四大绝技，名扬海内外。同学们，你们知道它们都有哪些特点吗？下面，就让我们来学习一下。

首先是烹。烹就是在煎或炸好的食物上，加入清汁进行烹煮的一种烹调技法。使用“烹”制作的菜肴汁为清汤，配料一般用葱姜丝、蒜片、香菜段等，口味咸鲜，微带酸甜。至于炒，相信同学们一定都见过妈妈是怎样炒菜的吧？对了，炒就是先将食用油入锅烧热，再放入葱、姜等调料，然后把菜放入，用急火快炒，来回翻动。炒又分生炒和熟炒两种主要方法。生炒就是把生菜放进锅里炒，也叫“干煸”。熟炒就是将做熟的菜放进锅里炒，目的是入料成味。再来看一下煎。煎的方法是先用温火将锅烧热，再放入少量的油，一般布满锅底就行，然后放入加工成扁平状的原料，用温火煎好一面后，将原料翻一个身，再煎另一面。最后，我们再来看看炸。街头小摊上炸油条的情景，同学们一定都见过吧？那就是炸。炸要先用旺火将油烧滚，再将食物下锅。一般油比要炸的食物多好几倍。炸时火不能太猛，还应注意不时地将食物翻动一下，这样才能炸得均匀。食物炸成焦黄色时就可以了，有的大块原料还要反复炸多次。炸出来的食品，口味香酥脆嫩。

宴会礼仪

题目：铁放在屋外露天会生锈，那么金子呢？
答案：会被偷走。

同学们，你们一定也经常随爸爸妈妈出去参加一些宴会吧？那么你知道参加宴会时都应注意哪些礼仪呢？

首先是入座。我们国家的风俗很讲究坐席的方位。古时候，以面东为尊，叫作“上席”，其次是面南，再次是面北，最次的是面西。现在人们一般以正对门口的座位为上座，背对门口的是下座。同桌中若有长辈，应让长辈坐上座，长辈坐下后自己再找合适的位子坐下。入座后，可以和同席的人随便说说话，聊聊天，以创造一个和谐融洽的用餐氛围。不要旁若无人地独自坐在那里发愣；也不要眼睛骨碌碌地盯着餐桌上的盘盘碟碟，或者无意识地摆弄餐具。用餐前也不能用餐巾纸擦拭餐具，那样是对主人的不尊重。当主人示意用餐后，应等本桌的上座动筷后才可用餐。主人起立敬酒时，客人应起立回敬。同学们可不能喝酒，用饮料代替一下就行了。宴会中，餐桌上的牙签尽量不要使用，以免影响别人食欲。自己如果吃饱了，要是还有人在用餐就不能随便离席，等别人也都结束用餐后才可一起离席。离席时，应向长辈道别。

中华名吃

提起风味小吃，同学们一定都不陌生，如北京烤鸭、冰糖葫芦、狗不理包子，等等。那就让我们来看一下，它们都各有哪些特点和来历。

肚皮笑笑破

奶奶过生日，小淘和爸爸妈妈一起去参加奶奶的寿宴。

妈妈端上了一盘寿包，小淘问：“妈妈，这个长得像屁股的是什么东西？”妈妈瞪了一眼小淘。可是小淘接着又掰开寿包，看着里面的豆沙说：“奶奶，快看！里面还有臭臭呢！”大家一听，全都吃不下去了。

冰糖葫芦想必是同学们都喜欢吃的北京小吃了。它是将水果如山楂、沙果等用竹签串成串，再蘸上麦芽糖稀做成。糖葫芦相传最早出现于隋朝宫廷，皇帝用它来赏赐功臣，后来流传到了民间，明清时盛行起来。

与冰糖葫芦齐名的是天津的狗不理包子。它色白面柔，底帮厚薄相同，咬起来满口流油，但不觉肥腻，十分鲜美。说到这里，同学们一定馋得口水直流了！别急，我们再来看一下它的来历。据说从前有一个小名叫“狗子”的人，他的包子做得特别好吃，买的人很多。狗子一天到晚忙得都顾不上跟顾客说话，人们就埋怨他“狗子卖包子不理人”。后来就叫成了“狗不理”包子。

说了包子，接下来再说说春卷。相信很多同学吃过春卷，它可是南方的传统节日食品。春卷是用烙熟的薄面皮卷裹馅心，然后下锅油炸而成，一般呈长条形，品种多样，口味丰富。

说起“叫花鸡”，同学们可能比较陌生，它原产自江苏常熟一带。古时候一些穷苦的难民偷了人家的鸡，就用泥巴包起来架火烧熟了吃，所以叫作“叫花鸡”。后来人们把这种吃鸡的方法加以改良，并更名为“富贵鸡”。传说当年乾隆皇帝南巡的时候，也曾吃过这种美食。

“臭豆腐”，闻着臭，吃着香，很多同学大概已经久闻其名。臭豆腐有很多吃法，最流行的是把豆腐块放在油锅里煎炸至外皮酥脆金黄，再拌上辣椒酱、芝麻酱、蒜汁、香菜、小葱、姜末等不同风味的调料，吃起来外脆内酥，十分可口。

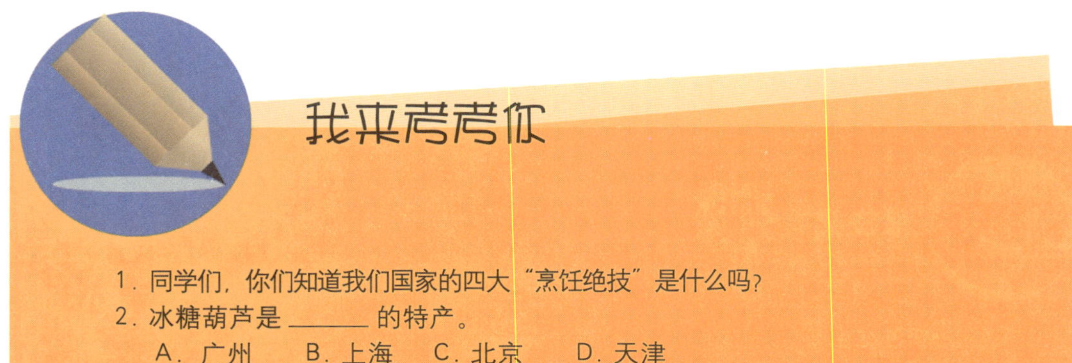

我来考考你

1. 同学们，你们知道我们国家的四大“烹饪绝技”是什么吗？
2. 冰糖葫芦是 ______ 的特产。
   A. 广州　B. 上海　C. 北京　D. 天津

第二章 绚烂夺目的传统服饰

同学们，生活中我们常常见到“衣、食、住、行”四个字，“衣”字排在第一位，可见穿衣对于生活的重要意义。那么，中国传统服饰是怎样的呢？让我们来了解一下吧。

顶天立地——首服

同学们，说“首服”你们可能不大清楚是什么东西，但说头上的服装你们就明白了吧！下面我们就看看头上都有什么服装。

登幽州台歌

（唐）陈子昂

前不见古人，后不见来者。
念天地之悠悠，独怆然而涕下。

权力的象征——冕冠

同学们，今天我们把头上戴的帽子一般都叫什么什么帽，可是在古代，帽子却有很多种称谓。其中，贵族男子所戴的帽子叫作“冠”。冠的种类有很多，不同身份的人戴不同的冠。

我们先来看看“冕冠”。冕冠是一种最尊贵的礼冠，天子、诸侯和大夫们在祭祀祖先时才戴冕冠。冕冠的样子是在冠顶上有一道前圆后方的横板，叫作“冕綖（yán）”。冕綖前后挂有串珠，叫作“玉旒（liú）”。皇帝冕冠上是十二旒，系白玉珠；三公、诸侯七旒，系青玉珠；卿大夫五旒，系黑玉珠。没有旒的冕叫“爵弁”（biàn），是帝王祭祀天地时主持仪式的人所戴。

古代有一种叫“法冠”的帽子，是古代执法者所戴，相当于我们今天看到的警察帽。此外，还有武冠，又称“武弁大冠”，为武官所戴。却非冠，俗称“鹊尾冠”，为宫殿门吏、仆射所戴。却敌冠，是卫士所戴。樊哙冠，是司马殿门卫所戴。

帝王后宫的嫔妃们所戴的冠叫“凤冠”。凤冠的装饰比男子的冕冠还要富丽堂皇，缀满各种珠玉宝石。

头顶大事——巾帻（zé）

古时候青年人到了20岁，都要举行成人礼，有身份的士加冠，没有身份的庶人裹巾。巾是“谨”的意思，意思是奉劝成人要行事谨慎。战国时韩国人以青巾裹头，故称“苍头”；秦国以黑巾裹头，称为“黔首”。东汉末年如袁绍、孔融等都以幅巾裹头。

“帻”由“巾”延伸而来，开始是在额前加一个名为“颜题”的帽圈。后来帽圈越来越宽。王莽时还在帽圈上加上硬挺的顶部，接着又出现了顶部呈“介”字形屋顶的介帻。东汉时还有一种平顶的帻，作为戴冠时的衬垫物，称为“平上帻”。西晋末年，出现了一种前面呈半圆形平顶，后面升起呈斜坡形尖突，戴时不能覆盖整个头顶，只能罩住发髻的小冠，叫作“平巾帻”。

古时候女子也戴头巾，这种头巾称为“巾帼”。后来，人们就用“巾帼”专指女性。

ABC 洋话天天说

A：I don't like asparagus.
B：Don't be picky.
A：我不喜欢吃芦笋
B：不许挑食。

幅巾的变制——幞头（fú）

幞头也是由巾发展而来的。巾的四角系上四条带子，两条系在脑后并垂下来，两条反系在头上，作为装饰，这就是幞头。系在脑后的两根幞头带子，称为“幞头脚”。后来两根幞头脚不断加长，打结后也可作为装饰，就称为“长脚罗幞头”。再后来，幞头所垂两脚形状变得或圆或阔，并在周边用丝弦或铜丝、铁丝作骨，衬以纸绢，变成能够翘起的硬脚，称为“跷脚幞头”。到五代时，跷脚幞头广泛流行，并把幞头脚改称“幞头角”，人们把两只长角横直平展的幞头，叫作“展角幞头”。展角幞头的两个展角还可以随时装卸。这种幞头，其实也就是后来人们所说的乌纱帽。同学们看戏的时候，见到的那些在帽子两边伸着长长翘角，头一摇就忽闪忽闪直晃的帽子，就是展角幞头。展角幞头在宋朝大为风行，随着时间的推移，两只展角越来越长，一尺两尺都是小意思，超过一米的屡见不鲜。由此可见，古人在赶时髦方面，丝毫也不逊色于今人。

》头上风景——帽子

古时候，帝王戴冕，士族加冠，没有身份的庶人裹巾，劳动者头上戴的才叫帽子。最早的帽子，只是斗笠、草帽等遮风避雨之物，谈不上装饰之用。明代起，帽子的种类才日渐繁多。

思维对对碰

题目：拿鸡蛋扔石头，为什么鸡蛋没破？

答案：左手拿蛋，右手扔石头，鸡蛋怎么会破？

当时，民间最流行的是瓜皮帽，又叫“六合一统帽”。这是一种用六块罗帛缝拼而成的帽子，六瓣合缝，下有帽檐。除此之外，当时还有软帽。这是一种上面用圆形布帛作帽顶，下面再缝一圈布做帽圈而成的帽子，后面还垂有两条长长的带子。乌纱帽在当时也比较流行，这是一种用乌纱制作的圆顶官帽。

除此之外，古代常见的帽子还有：烟墩帽，是一种直檐而顶稍细的帽子，上缀金蟒或珠玉帽顶，冬用鹤绒或丝、绉、纱制作，夏用马尾结成，是古时候皇宫内臣所戴的帽子；边鼓帽，是一种长尖顶带檐的圆帽，市井少年、平民、仆役等常戴，明嘉靖时极为流行，清代也很常见；瓦楞帽，帽顶折叠似瓦楞，有的用牛马尾编织而成，明朝嘉靖时为生员所戴，后民间有钱的富人也戴；毡笠，是一种尖圆形的帽子，有顶，帽檐卷起，前高后低，是游牧民族的传统帽式；鞑帽，用皮缝成瓜皮帽形，帽顶挂兽皮作为装饰，帽檐毛皮翻出，也是古代游牧民族的传统帽式；方顶笠子，明代农民戴的帽子，多用细竹篾作胎，外罩马尾漆纱罗，元代笠子帽为方顶式，为蒙古族中层官吏所戴。

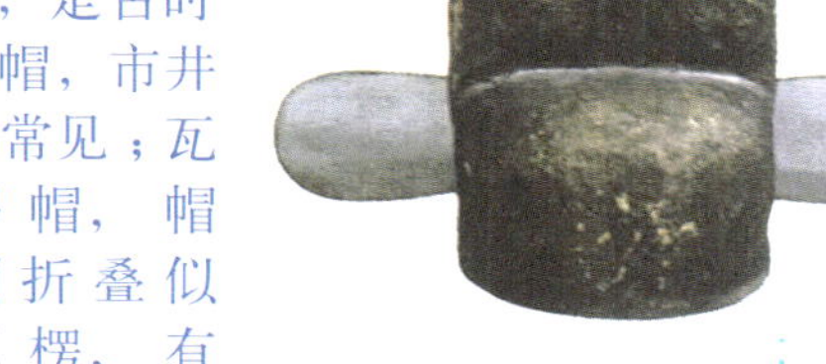

肚皮笑笑破

豆豆在动物园里喂猴子时，看见有一只猴子每次都先把花生塞进屁股里，再拿出来吃。豆豆觉得很奇怪，就跑去问管理员这是为什么。管理员解释说：“因为去年有人丢了个大桃子给它吃，结果那颗大桃子的核卡在屁眼里，排不出来，把它害惨啦！所以它现在一定要先把食物塞进屁股量量看，确定可以拉得出来才敢吃。

》额间风情——抹额

抹额，也称“额带”“头箍”“发箍”“眉勒”“脑包”，是古代女子束在额前的巾饰，一般多用刺绣或珠玉装饰。起初女子用的抹额叫“额帕”，为网状，用来罩住头发。到了明末，额帕多用两幅，每幅长宽均在一尺左右，用时斜折成宽一寸左右的条状，一幅戴在里面，

另一幅戴在外面，外幅的正面往往加上方结。后来，妇女们又根据自己发额头围的大小剪裁布料，夹衬较厚的锦帛，一般用乌绒、乌绫、乌纱等制作成大小固定的额帕，称为“头箍”，又叫“乌兜”。使用时一戴即可，极为便捷。头箍的形式变化多样，有宽的，有窄的，还有的在两侧裁出两个护耳。富贵人家的妇女在戴头箍时，常点缀金玉、珠宝、翡翠等首饰。冬季则多用兽皮制作头箍，考究的还用貂鼠皮、水獭皮，俗称“貂覆额”或“卧兔儿”，也有以金银雕花制成抹额的，镶珠点翠，熠熠闪光。同学们，看了这些美丽的头饰，是不是眼睛都花了啊？

我来考考你

1. 古代帝王头上戴的冕冠上有______旒。
   A. 十二　　B. 七　　C. 五　　D. 六
2. 同学们，你们知道瓜皮帽又叫什么吗？它是什么时候开始流行的呢？

垂裳制天下——衣裳

同学们，你们知道吗？原始时期的人类是不穿衣服的，只是用树皮和树叶简单地裹在身上取暖。到了黄帝和尧舜时期，人们才开始穿上了衣裳。那时，上身穿的衣服叫“衣”，下身穿的衣服叫“裳”。远古时期，既有上衣下裳分开的服式，又有上衣下裳相连的“深衣制”服式。后世的服装，在此基础上又有千变万化的革新与改进，因此才有了丰富多彩的衣裳文化。

被体深邃（suì）——深衣

现在，社会上兴起一股汉服热。同学们，你们是否也经常在电视上听到人们谈论汉服呢？许多地方在搞活动的时候，也都会请来许多模特身穿五彩缤纷的汉服散发礼品，你们见过吗？那种长长的很飘逸的汉服，其实就是我们今天要讲的深衣的一种。

望月怀远
（唐）张九龄

海上生明月，天涯共此时。
情人怨遥夜，竟夕起相思。
灭烛怜光满，披衣觉露滋。
不堪盈手赠，还寝梦佳期。

深衣是古代诸侯、大夫、士人所穿的衣服，流行于先秦，汉朝开始将其作为礼服。深衣的特点是上衣和下裳相连，衣襟右掩，下摆不开衩，衣襟向后拥掩，垂及踝部，连衽钩边，穿时要束腰带。因为这种衣服前后深长，所以就叫“深衣”。《礼记正义·深衣》中说：“所以此称深衣者……衣裳相连，被体深邃，故谓之‘深衣’。”

雄姿魁伟——袍服

同学们，你们一定看过电视剧《三国演义》吧？你们一定对电视剧中红脸关公所穿的那一身绿袍有很深刻的印象吧！其实，古代人一直都喜欢穿袍服，尤其是那些打仗的将军。

袍是一种直腰身、过膝的中式外衣，一般有衬里，男女皆可穿着。《诗经》《国语》中已出现袍的名称。袍作为中华民族的传统服装，历来分为龙袍、官袍、民袍三种。龙袍是皇帝专用的袍服，又称“龙衮（gǔn）”，因袍上绣有龙纹而得名，一般为黄色。官袍是文武官员穿的公服和朝服，常以一定的颜色或图案表明官位的等级，如明清时期的官袍。民袍是民间用于日常生活的袍。因为制作简单，穿用方便，所以袍服逐渐取代了深衣。

美妙绝伦——裙

很多女孩子夏天穿的衣服中就有各种漂亮的裙子。同学们，你们知道关于裙子的哪些知识呢？裙源于上古时期人们穿的下裳，那时候，男女都穿“裙”。现在，裙则专指妇女穿的裙子。我国妇女穿裙的历史很悠久。西汉时就流行一种折叠后有许多褶纹的“留仙裙”。晋代流行绛红纱复裙、丹碧纱纹双裙等；唐代的女裙式样繁多、色彩艳丽，尤其流行像石榴花那样的红裙，诗人称之为“石榴裙”；元朝后期，妇女喜欢穿素淡色的裙子；明代又流行

洋话天天说

A：What are you doing？
B：I' m watching TV.
A：Are there any good programs on TV？
B：No，not today.
A：你干什么呢？
B：我看电视呢。
A：有什么好看的节目吗？
B：没有，今天没什么好看的。

百褶长裙，以红色为主；清代的裙子，名目繁多，曹雪芹在《红楼梦》中提到的有大红灰鼠皮裙、葱黄绫子棉裙、翡翠撒花洋绉裙等；现代裙的式样款式就更是名目繁多了。

遮羞御寒——裤

同学们，我们每个人都要穿裤子，而且每个人都有好多条裤子。可是，你知道古时候的裤子是什么样子的吗？

古时候，最初人们穿的衣服很简单。商周时代人们的衣服基本就是上衣和下裳，下裳实际上是类似裙的衣服，而不是裤子。汉代时，人们才开始穿裤子。那时候的裤子通常都没有裤裆，只有两只裤管，上端连在一起，用带子系在腰间，叫作“袴（kù）”。袴是内衣，不能外露，袴的外面一定还要穿裙或深衣。老百姓劳作时穿的是短衣，不能遮挡裤子，那么袴内就要系一块兜裆布，就像日本相扑运动员的装束。秦汉时期，将士骑马打仗时才穿有裆的长裤，名为“大袴”。西汉时妇女也穿无裆的袴。汉昭帝时，上官皇后命令宫中妇女都要穿有裆的“穷裤”，也称“绲（gǔn）裆裤”。此后有裆的裤子就流行开来。

宽松随便——衫

同学们，我们现在穿的上衣，基本上都可以叫作衫，如T恤衫、羊毛衫、夹克衫等。可是，古时候并不是所有的上衣都叫衫。古书《释名》上说：“衫，衣无袖端也。”古时候衣服的袖子都比较宽大，到袖端处都要收缩一下，因而袖口比较窄小。“衣无袖端”就是说袖口没有收缩，依然宽大，所以衫袖比袍袖更加宽大，到了“一袖之大，足断为两；一裙之长，可分为二”的地步，走起路来甩手的时候就显得更加潇洒了。秦汉时期男子基本上都穿袍服，到了魏晋南北朝时，男子的服饰才以袍代替了衫。宋代时也把无袖的单上衣叫作“衫”，有作为内衣的短小的衫，也有作为外衣的长大的衫。下摆加接一幅横襕的襕衫是男子的常服。衫也是宋代妇女的常见上衣，质地常用轻罗，穿起来轻便又柔美。

思维对对碰

题目：“新华字典”有多少个字？

答案：四个。

艳丽华贵——襦（rú）

同学们，衫、袍、裤、裙，你们都很熟悉，可是对襦你们应该不是很了解吧？襦是中国古代妇女装束中的一种，是一种衣身狭窄短小的夹衣或棉衣。襦的袖子一般较长而窄，若按领子的式样，可分为交领襦和直领襦；若按腰的高低，可分为高腰襦和低腰襦；若按袖的长短，可分为窄袖襦与长袖襦。若按是否夹里，可分为单襦和复襦，单襦类似于衫，复襦类似于袄。襦比较短小，颜色以红、紫为主，黄者次之，质地有锦、罗或加刺绣，常与裙子相配套。

肚皮笑笑破

冬天到了，冬冬穿着厚厚的漂亮的新棉衣和妈妈一起去公园里滑雪。看着公园里光秃秃的树，冬冬十分怜惜地对妈妈说："它们真可怜啊，天热的时候盖满了树叶，天冷的时候却光秃秃的，多冷啊！"

御寒必需——袄

说起袄来，同学们一定会想起自己的小棉袄、小夹袄等。古时候的袄比襦长，比袍短，衣身较宽松，有夹衣和棉衣之分、窄袖与长袖两类。袄的名称最早出现于中国南北朝时期，隋代的缺胯袄子用作武官制服，并于唐代传入日本。唐代受胡服影响出现翻领袄。宋代出现由唐代上襦发展而成的对襟袄。宋代妇女的袄较短小，和襦相似，常与裙子相配套。清末，袄的基本形制为立领、连肩袖、右大襟、开衩摆。从20世纪初开始，男袄渐以对襟式为主；女袄则采用右大襟、偏襟、琵琶襟、对襟、左大襟和背开襟，其领、袖、衣摆也多有变化。

夏日轻服——半臂

同学们，现在我们夏天一般都穿短袖！短袖穿着舒适凉快，古时候就有，叫"半臂"。隋唐时的半臂是妇女服装，有对襟、套头、翻领或无领的式样，袖长齐肘，身长及腰，用小带子在胸口结住。因领口宽大，穿时袒露上胸。半臂多穿在衫襦之外，最初流行于隋代宫廷内，先为宫中内官、女史所穿，后传至民间，历久不衰，宋代男女均穿用。

遮胸护背——背心

同学们一般都穿过背心，夏天穿背心，凉爽透气；冬天贴身穿背心，吸汗保暖。背心在古代也称为“马甲”或“坎肩”，是一种无领无袖，且较短的上衣。其主要功能是使胸背保温并便于双手活动。它可以穿在外衣之内，也可以穿在内衣外面。中国魏晋南北朝时期的两裆应是背心的雏形，为敞领无袖束腰衣，仿自汉代的两实裆铠,取其“当背当心”之意。宋代杭州人又称背心为“背褡”。到了清代，背心形制多样，有大襟、对襟、琵琶襟等，且男女都可以穿。其中一种正胸饰一排13颗横纽的“巴图鲁（满语‘勇士’）坎肩”，最初为朝廷要员所穿，后一般官员都穿起来。士兵还将背心用作号衣。

荣华富贵——霞帔

同学们,“凤冠霞帔（pèi）”你们听说过吗？“凤冠”是一种装饰有金银凤鸟的帽子，大家一定在戏曲里见到过，那么“霞帔”呢？

霞帔为我国古代妇女的礼服。南北朝时就已出现，隋唐盛行。因用鲜艳的五彩锦绣质料制成，故称“霞帔”。明代霞帔形似两条彩练，绕过头颈，挂在胸前，下垂一根金玉坠子。清代霞帔阔如背心，中间缀以补子，下施彩色流苏。霞帔常与凤冠配套使用，“凤冠霞帔”是封建社会妇女荣华富贵的象征。霞帔本是宫廷命妇的着装，平民女子只有出嫁时才可以披着一次。命妇的霞帔在用色和图案纹饰上都有规定。品级的差别主要表现在纹饰上。《续文献通考 · 王礼》记载，洪武四年规定：命妇冠服一品衣金绣文霞帔，二品衣金绣云肩大杂花霞帔，三品衣金绣大杂花霞帔，四品衣绣小杂花霞帔，五品衣销金大杂花霞帔，六品、七品衣销金小杂花霞帔。

我来考考你

1. 我国最古老的衣服，上身穿的叫 ______，下身穿的叫 ______。
2. 同学们，你们知道古代女子只能在结婚时披一次的服饰叫什么吗？

足下生辉——鞋袜

同学们，说一说，你们都有哪些鞋？棉鞋、皮鞋、凉鞋、布鞋、运动鞋等。对了，这些都是我们现在常穿的鞋。可是，你们知道古时候都有哪些鞋吗？

诗词贝贝乐

过故人庄
（唐）孟浩然

故人具鸡黍，邀我至田家。
绿树村边合，青山郭外斜。
开轩面场圃，把酒话桑麻。
待到重阳日，还来就菊花。

历史足迹——鞋的起源

鞋，最初只是一种供人们行走的护脚工具。上古时常以兽皮制鞋，因此对鞋的称呼多以“革”字为偏旁。最早的鞋子是将兽皮切割成脚的形状，再用细皮条绑在脚上而成。随着社会的发展和纺织业的进步，布料、丝绸等都被用来制作鞋子，并与皮革、麻草组合起来，出现了各式各样的鞋。

单底鞋——履

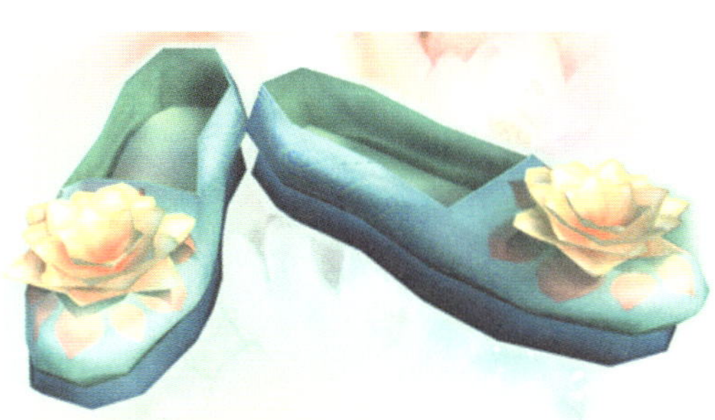

古时候的鞋子，单底的叫“履”，复底的叫“舄（xì）”。这两种鞋子的面一般都为布制，上涂黑漆或红漆，形式有方头、圆头、双尖头等。我国也曾出土过一些革履，面涂黑漆，底部嵌入木底。明代流行“福字履”，这是一种用绒锦、棉布面料制作，履头正面绣有金福字的履，制作十分考究，一直流行到清代。

高筒履——靴

靴是带筒腰的鞋子，有半筒和高筒两种，最初来自北方胡人的鞋式。胡人游牧骑乘多穿有筒之靴，赵武灵王主张胡服骑射，因此靴在内地得以推广。汉代的靴造型简练，较符合足部的形状，使用的材料也很

洋话天天说

A：Make sure you brush your teeth.
B：I will.
A：一定要刷牙噢。
B：一定刷。

题目：超人和蝙蝠侠有什么不同？
答案：一个内裤穿里面，一个穿外面。

广泛，有牛皮、丝织物、麻编物等。唐代有六合靴，长靿（yào）靴和短靿靴。宋代官员上朝时穿靴，用黑革做成靴筒，内衬以毡。明清两代文武百官及士族可穿靴，平民、伶人、仆从等不能穿靴。清代的靴多为尖头式，靴底厚，因嫌底重，后采用通草做底，最后又改为薄底，称为“军机跑”。

有齿履——屐（jī）

屐是古人穿的一种木底鞋的通称，因为是木底，踏在湿地上会印下齿纹，因此也叫“有齿履”。屐早在春秋战国时期就已出现。据记载，晋文公多次请隐居于绵山上的功臣介子推出仕，而介子推不愿意出山。晋文公便想出一个馊主意，用焚山的方法逼他出来。不料，介子推却死死抱住一棵大树，宁愿被烧死也不出来。晋文公很悲痛，就用那株树的木料制成了一双木底鞋，每天穿着它走来走去，并不时叹息说：“悲夫，足下。”以此表示对介子推的怀念。这种鞋后为老百姓所模仿，并流传下来，就成了木屐。屐在南朝时最为盛行，上至天子，下至文人、士庶都可穿着。

肚皮笑笑破

妈妈带小美去听音乐会。出门以前，她把一双高跟皮鞋放到手提包里。小美问妈妈为什么带着鞋去。妈妈说：“剧场有规定，一米以下的儿童不许进场，你得穿上高跟鞋身高才够一米呢！”小美急忙说：“那现在就让我穿上吧，这样就省得你拿了。”妈妈又说：“那可不行！上公共汽车够一米高就得打票啦！”

足底之服——袜

袜子在古代也叫“足衣”“足袋”，我国商朝就出现了最原始的袜子。《韩非子》一书中有“文王伐崇，至凤黄（凰）墟，韈（wà）系解，因自结”的记载，是指周文王系袜子的带子散开了，自己手扎袜带的情节。两周时期，袜子是用熟皮和布帛做成的，富贵人家可穿丝质的袜子。袜一般一尺多高，上端有带，穿时用带束紧上口。那时的袜子多为白色，祭祀时才穿红色的袜。古时候最精致的袜子用绢纱制成，并绣有花纹。长沙马王堆一号西汉墓中曾出土两双绢夹袜，是用整绢从脚面和后侧缝合起来做成的。古时候，也有的袜子是用长布条缠裹在脚上而成。

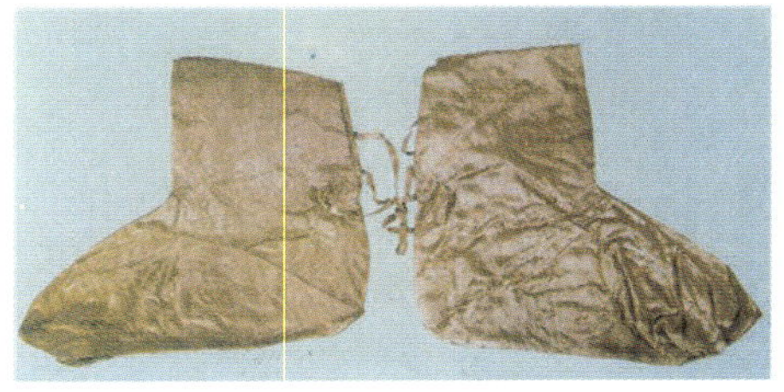

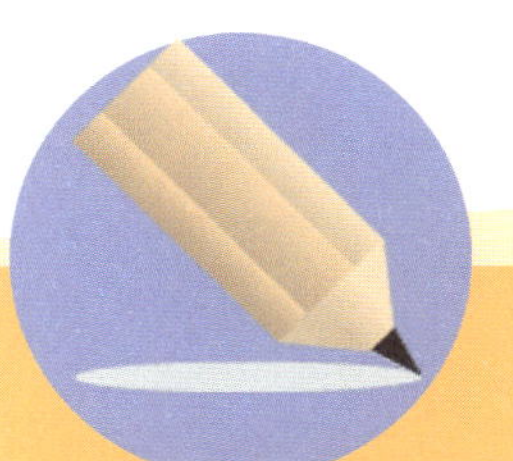

我来考考你

1. 古代，单底的鞋叫______。
   A. 履　　B. 舄　　C. 靴　　D. 屐
2. 同学们，你们知道袜子在古代又叫什么吗？

摇曳生姿——饰物

同学们，你在电视上见过古代人是怎么化妆的吗？我国古代女子的饰品不仅种类繁多，而且样式华丽，工艺精美。这不仅体现了我国古代人民对美好生活的追求和向往，而且反映了我国古代人民的精良技艺和聪明才智。

宿建德江
（唐）孟浩然

移舟泊烟渚，日暮客愁新。
野旷天低树，江清月近人。

云鬓生辉——头饰

古时候，妇女的头饰五彩缤纷，形式多样，非常漂亮。常见的头饰有以下几种：笄(jī)、簪、钗、华胜、擿(tī)、步摇等。

笄，是古代妇女用来固定发髻的一种简单用具，一般用骨、玉石或金银制成。簪，是笄的发展，在其头部加以美丽的纹饰，可用金、玉、牙、玳瑁等制作，常常制成凤凰、孔雀的形状。我国曾出土一件南唐时期的蝶花钿(diàn)簪，用金丝盘成两只相向飞舞的蝴蝶，两翅满镶黄色琥珀，十分精美。钗是古代妇女用来夹住乱发、安插发髻和用以装饰的一种头饰。隋代的发钗为双股形，一股长，一股短，利于插戴。晚唐，适应高髻的风尚，出现了长达 30 ~ 40 厘米的长钗。中晚唐以后，出现了专供装饰用的发钗，如花鸟钗、花穗钗、缠枝钗、圆锥钗等。华胜，是制成花草之状插于髻上或缀于额前的装饰。汉时，在华胜上贴金叶或贴上翡翠鸟毛，使之呈现闪光的翠绿色，这种工艺称为“贴翠”。擿，是一种头部可以用来搔头的簪子。步摇，是一种在簪顶挂珠玉垂饰的簪子，走动时珠子摇曳生姿，特别好看，所以叫“步摇”。同学们，这些美丽的头饰是不是都很漂亮呀！

耳畔风景——耳饰

我国古代女子，都十分爱美，她们不仅有美丽的头饰，而且还有许多漂亮的耳饰。这些耳饰个个璀璨夺目、精巧别致。同学们，你们是不是很好奇呀？好，我们快去看看吧！

瑱（tiàn），是古人冠冕上分垂于两耳侧的饰物，一般用骨和玉石制成，有深蓝、浅蓝、翠绿等多种颜色，呈半透明状。珰（dāng），是一种穿过耳孔用以装饰的珠子。有的耳珰为喇叭形玻璃制品，有的为凹腰圆筒形，下面带有小铃。耳环，我国穿耳戴环的风俗古已有之，最早是西南少数民族群众戴耳环，后来汉族人民也学习起来。明代流行一种葫芦形的耳环，以两颗大小不等的玉珠穿挂于一根弯曲成钩状的金丝上，小玉珠在上，大玉珠在下，看似葫芦形，其上有金片圆盖，其下再挂一颗金属饰珠，十分精巧。耳坠，是一种用金属丝穿过耳孔悬挂于耳下的装饰物。我国曾出土一件西汉时期的金玉耳坠，金珰上饰兽纹，玉饰镂雕变体龙虎纹，黄金与白玉交辉，极其精美。北京定陵孝靖皇后棺曾出土一件玉兔捣药金耳坠，玉兔立于宝石镶嵌的黄金彩云之上，手持玉杵捣药，形象写实生动，制作十分精巧。

A：Wake me up at seven tomorrow.
B：Sure thing.
A：Good night.
B：Good night.
A：明天7点叫醒我。
B：知道了。
A：晚安。
B：晚安。

颈项生姿——颈饰

同学们，许多女孩子可能都有自己好看的小项链，其实项链自古就是我国古代妇女颈饰中的一种。颈饰，就是人们脖子上的装饰品。在古代，其品种主要有项链、项圈和璎（yīng）珞（luò），材料有玛瑙、珍珠、玉石、贝壳、宝石等，也有加工精美的金银质颈饰。陕西西安玉祥门外的李静训墓曾出土一件唐代的金项链，链条采用28颗镶各色宝石的金珠串成，项链上部有金搭扣，扣上镶有刻鹿纹的蓝色宝石，下部为项坠，项坠上面镶有蓝宝石和红宝石，下面再悬挂一颗滴露形的蓝宝石，精美绝伦。湖南衡阳曾出土一件椭圆形金珠饰品，珠

肚皮笑笑破

这天，隔壁的阿姨来美美家玩，看见美美一个人在玩玩具，就逗她道：“美美，告诉阿姨，你妈妈叫什么名字啊？”美美奶声奶气地回答道：“叫亲爱的。”阿姨又问：“那么，爸爸叫什么呢？”美美毫不含糊地说了两个字：“老公。”

外用金丝做成精美的花纹，同时还出土许多用水晶、琥珀、玛瑙制成的小珠和狮、兔、鸟等形象，当初很可能也是串在一起的项链饰品。

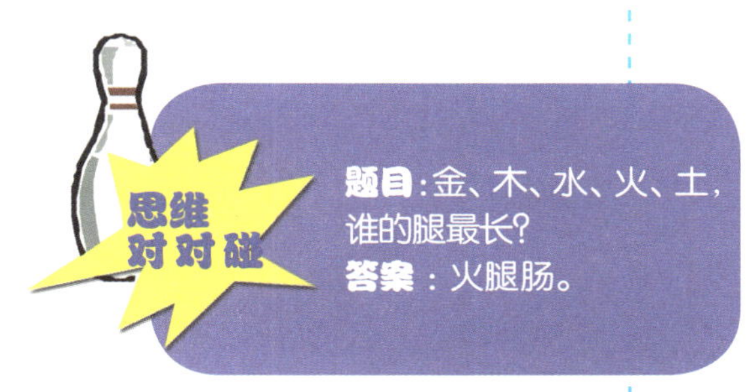

》绚丽多彩——手饰

手饰就是手上的装饰品，许多女孩子可能都有自己的小戒指、小手镯等，这些都是手饰。古代人的手饰非常精美，主要有手镯和指环、臂钏(chuàn)。

西汉时的手镯，有玉环及金、银、铜镯，铜嵌绿松石手镯等。隋唐时的手镯，镯面中间宽、两头狭，宽面压有花纹，两头收细如丝，朝外缠绕数道，戴时可根据手腕粗细进行调节。这类手镯有金制的，也有以金银丝嵌宝石的。指环在古代不仅是一种形式美的装饰，而且也是爱情的象征，通常作为定情的信物。指环的材料有玉石、玛瑙和玻璃等。湖南长沙一座隋墓里曾出土一颗用蓝色玻璃料制成的指环，为小圆环形，色泽光亮，小巧别致。臂钏又名“跳脱”“条脱”，是由捶扁的金银条盘绕旋转而成的弹簧状套镯，少则三圈，多则五圈、八圈、十几圈不等。根据手臂至手腕的粗细，环圈由大到小相连，两端以金银丝缠绕固定，并调节松紧。在隋唐时的陶俑和人物绘画中，经常可见到佩戴臂钏的形象。

我来考考你

1. 同学们，你们知道古代人的手饰主要有哪几种吗？
2. 古代的头饰都很精美，其品种主要有：______、簪、______、华胜、擿、步摇等。

浓妆淡抹总相宜——妆容

古代女子不仅对饰品有着独到的鉴赏力，而且对化妆技艺也有很高的要求和讲究。古代妇女面部化妆，一般是画黛眉、抹胭脂、点唇、描面靥(yè)、贴花钿。

粉白黛黑——画眉

据说，画眉的风俗起始于秦朝。《事物纪原》卷三载："秦始皇宫中悉红妆翠眉，此妇人画眉之初也。"其实，早在战国时期就已经流行画眉，《楚辞·大招》中就有"粉白黛黑，施芳泽只"、"青色直眉，美目缅只"的记载。

黛是一种黑色矿物，是文献记载中最早的画眉材料，也称"石黛"。描画前必须先将石黛放在石砚上磨碾，使之成为粉末，然后加水调和。

采莲曲

（唐）王昌龄

荷叶罗裙一色裁，芙蓉向脸两边开。
乱入池中看不见，闻歌始觉有人来。

"点"与"画"是两种画眉的方法。庾信《舞媚娘》中就有"眉心浓黛直点，额角轻黄细安"的诗句。"点"又分眉心点黛和满眉散黛两法。如梁朝简文帝萧纲的《美人晨妆》诗："北窗向朝镜，锦帐复斜萦。娇羞不肯出，犹言妆未成。散黛随眉广，燕脂逐脸生。"

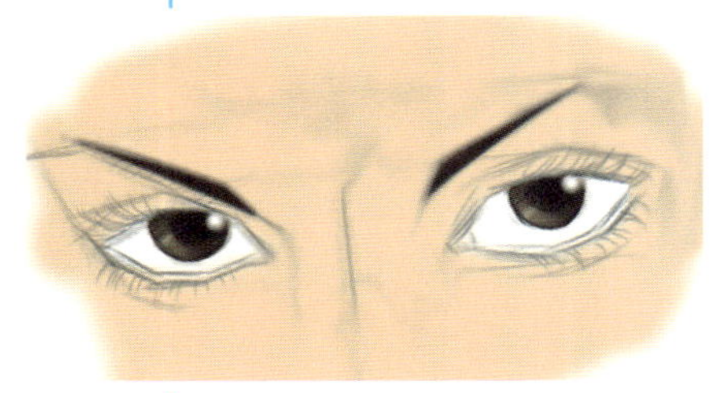

汉代流行"广眉"，卓文君喜欢绘"远山眉"，汉武帝宫人描的是"八字眉"。唐代，不仅流行广眉，还流行蛾眉。明代杨慎《丹铅续录·十眉图》中更有"十眉"的详细记述："唐明皇令画工画十眉图。一曰鸳鸯眉，又名八字眉；二曰小山眉，又名远山眉；三曰五岳眉；四曰三峰眉；五曰垂珠眉；六曰月稜眉，又名却月眉；七曰分梢眉；八曰涵烟眉；九曰拂云眉，又名横烟眉；十曰倒晕眉。"另外，"柳叶眉""黑烟眉""白妆精黛眉"等也是古诗文中常见的眉式。因此，流传了两千多年的画眉习俗，其式样之多不胜枚举。

A：Were you asleep?
B：No, I was awake.
A：你睡着了吗？
B：没有，还没睡呢。

胭脂泪留人醉——胭脂

说起胭脂，很多同学可能都不陌生。学校里举行联欢会的时候，很多小朋友都会在脸上涂上红红的胭脂表演歌舞。那么，你们知道胭脂是怎么来的吗？

古时胭脂又称"燕脂""焉支"或"燕支"，据说是商纣时期燕国所产，因而得

题目：哪颗牙最后长出来？
答案：假牙。

名。还有一种说法，认为胭脂原产于匈奴地区的焉支山。公元前 139 年，张骞出使西域带回了大量异域风物，其中就有胭脂。

胭脂是怎么做出来的呢？古时候，人们把红蓝花整朵摘下来，放在石钵中反复杵槌。红蓝花的花瓣中含有红、黄两种色素，淘去黄色后，即成鲜艳的胭脂。据古书记载，制作胭脂的原料还有蜀葵花、重绛（jiàng）、黑豆皮、石榴、山花及苏方木等。

汉代胭脂在内地流行开后，妇女作红妆者与日俱增，且经久不衰。历代诗文中有不少描写，如“谁堪览明镜，持许照红妆”“阿姊闻妹来，当户理红妆”“红妆束素腰”，等等。

轻饰红樱——点唇

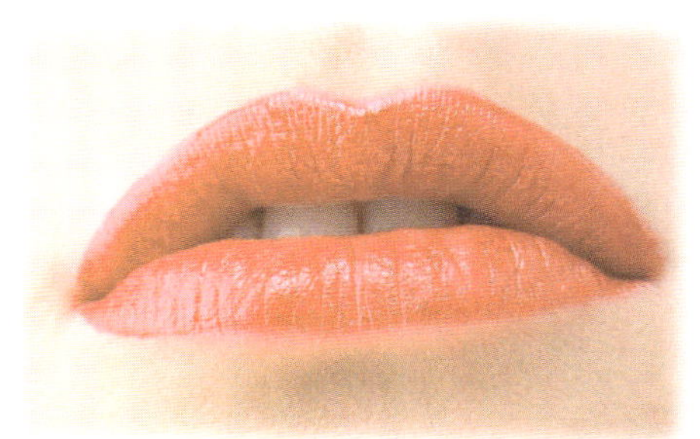

所谓“点唇”，就是用唇脂涂抹在嘴唇上。同学们都见过妈妈或者阿姨们抹口红吧？那其实就是点唇。

早在先秦时期，人们就特别欣赏妇女的嘴唇美。由于唇脂的颜色具有较强的覆盖能力，所以可用来改变嘴形。嘴唇厚的，可改画成薄的，嘴形大的，可改画成小的。这样，就产生了点唇的艺术。

点唇的样式，一般以娇小浓艳为尚。人们普遍认为，最理想、最美观的嘴形，应当像樱桃那般娇小，那般鲜艳。白居易家伎樊素的口形，据说就具备了这些特点，所以有“樱桃樊素口”的称誉。为达到这种要求，妇女们在涂抹妆粉时，常将嘴唇一并抹上，然后再以唇脂重新点画出嘴唇。

粉黛宜人——面靥与花钿

同学们，你们知道面靥和花钿是做什么用的吗？面靥原是用来掩饰面颊上的斑痕的，后来和贴花钿都成为妇女妆饰的方式。

面靥是施于面颊酒窝处的一种妆饰，也称“妆靥”。面靥的施行方法，通常是用胭脂点染，也有像花钿一样，用金箔、翠羽等物粘贴而成。妆靥的具体形状，在盛唐以前，一般均作成黄豆般的两颗圆点。盛唐以后，面靥的范围有所扩大，式样也更加丰富：有的形如钱币，称为“钱点”；有的状如杏桃，称为“杏靥”。讲究的在原来面靥的周围，还饰以各种花卉，俗称“花靥”。

花钿，又称“面花”“花子”“面钿”“花黄”“翠钿”等，是在脸面上贴以小型饰物的妆式，所用的材料非常丰富，多为丝绸、纸片、金箔片、云母片、鱼鳔、小虫翅、鸟羽、螺钿壳等。

肚皮笑笑破

小妮妮害了牙疼病，妈妈带她到医院里去拔牙。拔完牙，回到家里，妈妈问她："牙还疼不疼？"小妮妮舔舔嘴唇，瞪大眼睛回答说："啊呀，不好了，牙齿忘在医院里了，我不知道它还疼不疼啊！"

花钿这种妆式早在原始社会后期已有雏形，进入封建社会以后，常见诸史料或出土文物中。如在战国楚墓出土的一件木俑，脸上贴有几何形的花钿。唐代有一种非常精致的"翠钿"，是以各种翠鸟羽毛制成的，整个饰物呈青绿色，清新别致，极富谐趣。

粘贴花钿的胶水，主要是呵胶。这种呵胶出产于北方，相传由鱼鳔制成，其胶黏性极佳，可用来胶合羽箭。妇女用其粘贴花钿时，只要对之呵气，并蘸少量口液，便能溶解粘贴。卸妆时用热水一敷，便可揭下。

我来考考你

1. 同学们，你们知道古代人们用来画眉的"黛"是什么颜色的吗？
2. 胭脂是用 ______ 做成的。
   A. 玫瑰花　B. 桃花　C. 红蓝花　D. 石榴花

第三章 吉祥如意的婚嫁习俗

大红灯笼高高挂起，撩起那神秘的盖头，新娘娇羞的容颜是那么的美丽动人。“洞房花烛夜”堪称人生大事，同学们想必也都喜欢那些欢庆热闹的结婚场面。下面，我们就来为大家介绍一些我国传统的婚嫁习俗。

婚前准备

结婚是人生中的一件大事，在我国早已形成一套有序的婚嫁习俗，同学们想知道这些有趣的习俗吗？下面就让我们来了解一下吧！

千里姻缘一线牵——说媒

同学们在电视里一定见过手拿手绢、嘴含烟袋、能说会道的媒婆形象吧！媒婆就是专门为青年男女牵线搭桥、撮合婚事的人，一般都是比较年长的女性。老话常说婚姻是“父母之命，媒妁之言”，这说的就是“说媒”。

封建社会男女“授受不亲”，男女双方一般都要经人从中说合，才能“谐秦晋”“结连理”，这种说合，就叫“说媒”。现在，“说媒”改称为“做介绍”，做这种说合工作的人，被人们雅称为“月老”或者“红娘”。媒人要先熟悉男女双方及其家庭的基本情况，然后基本上准确地向男女双方及其父母介绍对方的情况，又要尽可能隐恶扬善，使双方充分认识对方的长处，从而乐于达成嫁娶的协议。做媒人还得勤跑腿，经常往来于男女两家之间，交流情况，传达彼此的愿望和要求。说成一桩媒，媒人可以得到一些钱财，称之为“谢媒礼”。谢媒钱无论多少，均用红纸封好，称为“红包”。这笔钱一般由男方支付，在成亲的前一天，连同送给媒人的鸡、肘子、鞋袜、布料一起送到媒人家。而媒人第二天也一定要去引导接亲，称之为“圆媒”。

钱塘湖春行

（唐）白居易

孤山寺北贾亭西，水面初平云脚低。
几处早莺争暖树，谁家新燕啄春泥？
乱花渐欲迷人眼，浅草才能没马蹄。
最爱湖东行不足，绿杨阴里白沙堤。

一见钟情——相亲

相亲就是男女两家对婚事取得基本一致的意见之后，男女双方约定日子见面，俗称“相人”“相女婿”“相媳妇”等，一般都是男到女家。见面这天，相亲的男女都特别注意个人的形象，力争给对方留下良好印象。如果男方去女方家相亲，一定要梳洗整容，衣帽一新，父母或家长还要教他到女方家后怎样敬茶敬酒，怎样说话称呼，怎样端饭待人等，然后在媒人和父母或家长的带领下前往女方家。相亲这天，女方家也非常重视，要彻底打扫卫生，弄得窗明几净，内外整洁，女孩也要打扮一番，同时邀来七姑八姨作陪，让她们品头论足，作为能否定亲的参考。同时，备客饭热情款待，饭毕临行，由双方父母或家长给男女双方赠钱或礼物，一般当场收下。双方是否同意结亲，后由媒人传话，互通意愿。

洋话天天说

A：What are you doing？
B：I'm waiting for my classmate.
A：你在做什么？
B：我在等我同学。

喜结良缘——下聘礼

相亲过后，男方就要向女方送聘礼了，这被看成是两家婚姻正式确定下来的标志。下聘礼古时称为“纳币”，亦称“纳成”“纳征”，是中国古代婚姻制度“六礼”中的第四礼。历代纳征的礼物各有定制，民间多用首饰、细帛等项行聘，后来演变为彩礼。“征”是成功的意思，即送彩礼之后，婚约正式缔结，一般不得反悔。

下聘当日，媒人陪同男方及其家人，携带聘金、聘礼等物同往女家，彩礼的多少，要由女方家的要求和男方家的经济状况而定，有的地方男方家的老人根据自己的条件，还要给未来的儿媳数额吉利的红包作为“见面礼”。若女方收下聘礼，就表示已经答应将女儿许配给对方，遂设宴招待男方一行人午餐。时至今日，有的下聘仪式已经从简，如相互交换一下纪念品或照张订婚照都可作为订婚依据。

思维对对碰

题目：三横、三竖、三撇、三捺。（猜一字）

答案：森。

美好生活的开始——择吉日

在我国古老的婚俗中，人们为了求个吉利、美满，一般都会在婚前请人“择吉日”来确定婚期，有的地方也叫“看日子”。传统礼俗是由男方找人选择“良辰吉日”，再直接或由介绍人通知女方，由两家同意而定。传统上，选定的“吉日”一般都是不宜与男女双方的生肖相刑、相冲、相害的日子，吉日择定后，男方向女方送帖，俗称“送日子”。

现在“择吉日”的风俗也发生了潜移默化的变化，很多新人的婚期往往都是双方共同商议而确定的，婚期一般选在节假日或公历和农历都逢双的日子，比如元旦、春节、国庆节等。

一个幼儿园小女孩对一个向她求婚的小男孩说：“我们不可以结婚！因为只有自己家里的人才能结婚。你看，我爷爷就是跟我奶奶结婚的，我爸爸就是跟我妈妈结婚的。”

我来考考你

1. 男女两家对婚事取得基本一致的意见之后，男女双方约定日子见面，叫作______。
2. 在我国古老的婚俗中，人们为了求个吉利、美满，一般都会在婚前请人给______来确定婚期。

正式迎娶

同学们，你们参加过亲戚的婚礼吗？是不是很热闹啊！快到婚礼的日子，男女双方的家里早早地就开始张罗准备了，都希望在那欢乐喜庆的日子里，完成一个圆满的婚礼，作为两位新人美满生活的开端，也为他们留下一段美好的记忆！

热闹喜庆的日子——迎娶

迎娶就是传统“六礼”中的“亲迎”，是“六礼”的归结。现代人所说的婚礼或古人所说的婚礼大典就是以迎娶仪式为标志，主要包括铺房、迎亲、跨火等主要的几项风俗。

铺房是女家送嫁妆到男家后，女方的姑嫂姐妹帮忙摆设新房的一种风俗。新娘出嫁的前一天，姑嫂姐妹要专门为新娘梳妆打扮，新娘悲悲啼啼，彻夜不眠，更显出一种传统婚嫁“亦喜亦悲”的氛围。迎亲当日，由媒人领路，新郎领花轿，一路鼓乐。至女家后，女方姐妹拒之于门外，新郎赶忙派“利是”，过众姐妹一关后，便可将新娘接出。新娘哭赖不走，男家众人软硬兼施，将新娘哄出闺房，又哄其上轿，新郎还要给轿夫封“利是”，方才起轿。新娘接到家中，鼓乐声中新郎扶新娘下轿，准备入屋时，要让新娘跨火而过，俗称“跨旺火”。这也是一种比较悠久的民间习俗，寓意新娘跨过旺火之后，来日就给夫家带来“旺”。

诗词贝贝乐

雁门太守行

（唐）李贺

黑云压城城欲摧，甲光向日金鳞开。
角声满天秋色里，塞上燕脂凝夜紫。
半卷红旗临易水，霜重鼓寒声不起。
报君黄金台上意，提携玉龙为君死。

感恩的仪式——拜堂

拜堂也称“拜天地”，这是婚礼的中心仪式，始自唐代，宋朝以后，风行全国，所拜为天地、祖宗、舅姑、公婆，并夫妻交拜，表示从此女子成为男方家族的一员，因而是婚礼过程中最重要的仪式。

拜堂一般上午七点到下午一点左右举行。花轿到了男家门口，男方在家堂前置香烛，陈列祖先牌位或遗像，摆上粮斗，内装五谷杂粮、花生、红枣等，

洋话天天说

A：What sports do you like？
B：I like football。
A：你喜欢什么运动?
B：我喜欢足球。

上面贴双喜字。拜堂前，燃烛焚香，鸣爆竹，奏乐，然后礼生诵唱，新郎、新娘就位跪拜，一拜天地，二拜父母，夫妻对拜，礼毕送入洞房，即成正式婚姻。现代婚礼的拜堂仪式与传统风俗有所不同，拜堂之前还有证婚人宣读结婚证书、介绍人和来宾致词等仪式。拜堂时跪拜礼大多也改行鞠躬礼，但拜堂范围扩大，除天地、祖先、尊亲及交拜外，还须拜家族尊亲、友好宾朋等，拜过一遍之后婚礼始告成立。

题目：不是木，仔细瞅，能喝水，能漱口。（打一字）
答案：杯。

终成眷属——入洞房

计生委主任下乡普查，问老农："你知道近亲为什么不能结婚吗？"

老农憨厚地笑答："呵呵，太熟，不好意思。"

所谓洞房，其实就是为两位新人准备的新房，新婚夫妻在婚礼上完成拜堂仪式后，就会被众人送入洞房，喜庆的仪式也暂且告一段落，一对新人也即将真正开始新的生活。

古时候，人们已经习惯把新人完婚的新房称作"洞房"，宋人洪迈在《容斋随笔》里更有"洞房花烛夜，金榜题名时"的佳句，可见"洞房"美称由来已久。中华民族文明史距今已有五千多年，尽管人类从栖身洞穴到住进高楼大厦，但"入洞房"这一名词至今仍未改变。

共同的欢乐——闹洞房

新婚当夜，众亲友还要在洞房嬉闹新娘和新郎，向新人索要红包、糖果等。闹洞房时，新娘不得言语，也不得生气，需任由来者取闹，直至众人散尽。古代的时候，此中常滋生一些乖情悖理的举动，因多发生在洞房里，故称"闹房""闹洞房""闹新房"。除此之外，还有在洞房内设置红烛的习俗，所谓"洞房花烛夜"，说的就是这个意思。

闹洞房习俗始于先秦时期，关于"闹洞房"的来历，一种观点认为，闹房首先出现在北方，

而且开始时主要是闹新郎，这大概与北方民族的生活习性有关。他们以狩猎和游牧为生，男子十分剽悍和勇健，在新婚时忍受棒打可以证明一个男人是合格的大丈夫。后来，这一习俗逐渐转变为以新娘为主要逗趣对象，故又称“闹新娘”“耍新娘”，旧时还称为“戏妇”。

我来考考你

1. 我国传统结婚礼俗中的中心仪式是＿＿＿。
   A．拜天地　B．入洞房　C．闹洞房　D．迎娶
2. 同学们，你们知道什么是“洞房”吗？

其他婚俗

同学们，热闹喜庆的婚礼是不是很有意思呢？其实，婚礼结束后还有不少其他传统婚俗呢，你想了解一下吗？

》三朝回门——归宁

归宁是古时流传下来的礼俗，又可称为“做客”“返外家”或“三朝回门”，是指新婚夫妻在婚后的第三日，携礼前往女方家里省亲、探访，女方家人当天中午亦须准备宴客，称作“归宁宴”或“请女婿”。这是新女婿初次到岳家，且与岳家的主要亲人相识，故宴席极为隆重。散席后，小夫妻要带着引路鸡和长尾蔗同回夫家，传统上，要在日落前回到男方家里，如有不得已之原因得留宿的话，夫妻须分房睡，以免对娘家的人造成冲撞。

归宁结束后，媒人的工作才算告一段落，男方须送礼给媒人表示谢意。至此，结婚仪礼基本完成。看来，婚后的仪礼民俗，其内容比较贴近现实生活，这对处于人生转折阶段的新婚夫妇来说，的确是很有必要的。

诗词贝贝乐

赤壁
（唐）杜牧

折戟沉沙铁未销，自将磨洗认前朝。
东风不与周郎便，铜雀春深锁二乔。

婚姻不合——休妻

“休书”是中国古代歧视女性的极不合理的男尊女卑的封建制度下离婚的手段，可以说这也是当时的法律。古时候的法律，赋予丈夫很大的休妻特权，丈夫无需任何法律手续，只要写一纸“休书”，责令妻子离开夫家，他们的夫妻关系，就算解除了。

在我国封建社会，订婚须有婚书，婚书或婚约即许婚之书，婚约的存在等于婚姻关系的成立，如果终止或解除婚约关系，必须由男方家出具离婚书，即休书。中国古代有用于休妻的“七出”的规定：一是无子，二是淫，三是不孝顺父母，四是口多言，五是盗窃，六是妒忌，七是恶疾。男子“七出”的特权，不仅是自私的，也是极不人道的。特别是其中的“无子”和“恶疾”两条，丝毫无关妇女的品质问题。中国古代的“休妻”制度就是典型的专权离婚主义的代表。现代的《婚姻法》则完全赋予了女性与男性相同的结婚、离婚的权利和自由，女性在婚姻方面的权利最大限度地得到了法律的保护。

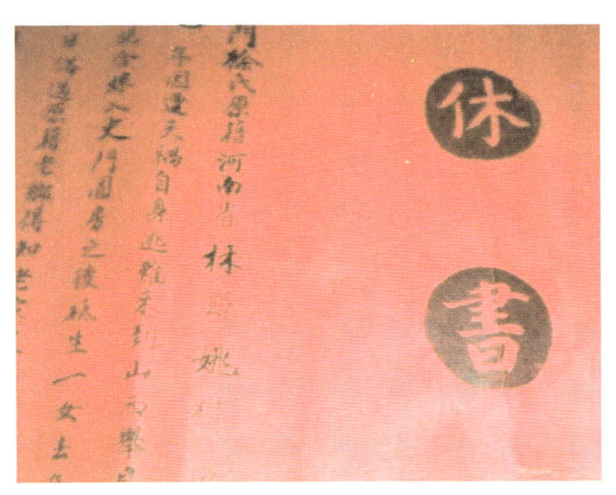

洋话天天说

A：What shall we play today？
B：Let's play basketball.
A：我们今天玩什么？
B：打篮球。

未嫁而终——退婚

退婚也叫“退亲”。封建社会的包办婚姻，经常会有一些违背儿女个人意愿的情况出现，或者因为其他原因，有的时候就需要退婚了。依据历来的习俗，如果是男方提出退婚，下聘时给女方的彩礼不得索回；若为女方提出退婚，下聘时男方所赠的彩礼则必须如数退还。

题目：池中没有水，地上没有土。（打一字）
答案：也。

儿子宣布：“我以后一定要结婚。”
妈妈问：“为什么？”
答：“因为一个人带孩子太费劲，有两个人一起带就好多了。”
妈妈笑问：“不结婚能有孩子吗？”
答：“当然了，每个人长大都会有孩子的。”

有的地方还有“退茶了情缘”的特殊退婚方式。被父母包办了婚姻的姑娘，倘若实在不愿嫁，就用“退茶”的方式退婚。做法很简单：姑娘用纸包一包普通的干茶叶，选择一个恰当的时机，亲自拿着茶叶到未婚夫家去，跟郎家父母讲：“我没有福分来服侍你们老人家，你们另去找一个好儿媳妇吧！”说完，将茶叶放在堂上，转身就走。这是女性对包办婚姻的一种反抗，简单倒是简单，但要做到可不容易，既要有胆量，又要相当有计谋哩！

我来考考你

1. ______ 结束后，媒人的工作才算告一段落，男方须送礼给媒人表示谢意。
   A. 归宁　　B. 迎娶　　C. 拜堂　　D. 入洞房
2. 古时候，结婚后男方如若反悔可以 ______；结婚前一方反悔可以 ______。

特殊婚嫁形式

同学们，你们知道吗？在历史的长河中，婚俗是在不停的传承和演化中形成的，除了“明媒正娶”的婚姻之外，还有不少其他的特殊婚嫁形式，如抢亲、赘（zhuì）婚、童养媳等。

》真爱的体现——私奔

在我国封建社会，订婚须有婚书，私约是指男女不经父母之命、相互情愿缔结婚姻、自行约婚的行为。这种私约，封建立法是不承认的。私奔就是当另一半得不到家人认同时，未经家庭同意而与爱人离家远走一起生活的行为。

在封建社会，婚姻大多由父母包办，因此酿成了很多婚姻的悲剧。有一些深爱着的青年男女，因为门不当户不

诗词贝贝乐

泊秦淮

（唐）杜牧

烟笼寒水月笼沙，夜泊秦淮近酒家。
商女不知亡国恨，隔江犹唱后庭花。

对等原因而遭到父母的坚决反对，他们便以私奔的形式来反对父母的安排。私奔反映了对封建包办婚姻制度的反抗，在当时的社会环境中，这也是无可厚非的，而且也是唯一可能的选择。

无奈的选择——抢亲

抢亲就是未婚男子将喜欢的未婚女子抢到自己家结婚成亲，这种习俗，过去在云南有几个少数民族均有，但这只是男女双方商量好的一种婚嫁方式。抢亲，在不同的民族、不同的情况下分为三种形式：

一种是男女双方自由恋爱有了感情，但说亲时女方父母不同意，这时男女青年便私下定好日子，让男方带领着伙伴深夜摸进女方家，拉着姑娘就跑，由于女方父母毫无准备，这种抢亲大都顺利。

二是姑娘有了自己的意中人，而父母又硬要为姑娘选定其他夫婿。这种情况下，一个男子约同伴把姑娘抢回家中，未抢到姑娘的那个男子，只能眼巴巴地望着姑娘被抢走，而不能半路截取，据说这是祖辈的规矩。

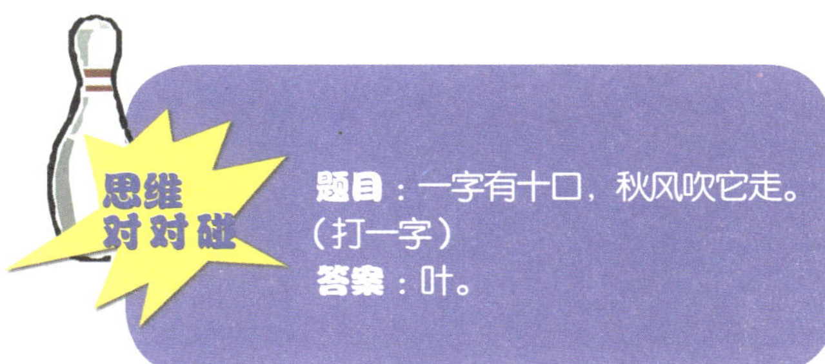

洋话天天说

A：Do you have a computer？
B：Yes. I often play games on it.
A：你有电脑吗？
B：有，我经常用它玩游戏。

三是男女双方在恋爱过程中立下山盟海誓，但女方中途变心，男方便组织人趁姑娘外出不备抢起就跑。抢亲到家，一进门就放鞭炮，当即拜堂。还要将姑娘领到较远的亲戚家住下躲避，直到双方家长谈判妥当才双双回家。

倒插门——赘婚

赘婚是男子就婚于女家并成为女方家庭成员的婚姻形式，俗称“招婿”或“倒插门”，原为母系家族婚制，是从妻居、服役婚等古婚遗俗的发展。入赘得以延续的原因，一般是家里只有一女而无男，父母无人赡养，父母过世之后，这一家就绝了户，家业无人继承，只好招女婿上门，支撑门户，继承祖业；或是女方家需要劳动力，需要养老接代；或是男子家贫而无力娶妻，只能以身为质到女方家完婚。赘婚有改为妻姓与不改姓两种形式。

旧中国封建社会几千年，由于世俗的偏见，女方家没有

男性子嗣而招婿上门接续宗祧、补充劳力并赡养女方家老人的现象经常会受到歧视。到如今，为了改变男尊女卑的传统观念，大力提倡男女平等，男子到女方家成婚落户，也享有平等的权利。现代社会男女平等，男子到女方家落户逐渐成为很常见的现象，大多出于日常生活、住房、养老等需要。

苦难的出身——童养媳

童养媳是在封建社会中贫穷的父母将年幼的女儿给未来的婆家领养，等到适婚年龄后，再与丈夫举行结婚仪式，也称“童养媳婚姻”。童养媳婚宋代就开始出现，明清渐成习俗，南方比北方更普遍；北方有“孩养媳”等别称，南方有“养媳妇”“等郎妻”“小媳妇”“新妇仔”等诸多称谓。元、明、清时，养媳从帝王家遍及于社会，小地主或平民往往花少许钱财买来，以节省聘礼。由于女方家贫寒，养媳年幼，多有遭受虐待者。元代剧作家关汉卿所作《窦娥冤》中，年幼的窦娥，即因其父负债，而入蔡婆婆家为养媳妇。

肚皮笑笑破

阿丽跟她的好友小芳说：“我男朋友说我是他第一个爱上的女人，他的意思是不是想和我结婚？”

小芳：“当然不是，男人只想和他最后爱上的女人结婚。”

童养媳习俗常发生在女方家穷困养不起孩子或无力出嫁，或者家庭发生变故如父母亡故而无人抚养，就送或卖幼女做童养媳。领养的家庭也多因家贫娶不起媳妇而收童养媳，也有公婆有病收童养媳“冲喜”的，还有富人买来将来做小妾的，官宦上层家庭也有因去外地求学做官将女儿送人做童养媳的……这是一种包办兼有买卖性质的畸形婚姻形态，现在早已为法律所禁止。

我来考考你

1. 古时候，男女双方如若相爱，但是父母坚决反对的话，他们可以______。
2. 上门女婿也叫“倒插门”，还叫______。

第四章 庄重讲究的丧葬礼俗

一个人从在胎中孕育直到死去，甚至到逝后很久很久，都始终处于民俗的环境中。民俗像空气一样，是人们须臾不能离开的。本章将带同学们去了解一些我国传统丧葬文化与民间丧葬习俗。

庄重的丧俗

同学们，大自然创造了一切，同时给予这一切以不同形式、形态而延续发展的——生命。世界万物的生命都来之不易，然而，我们人类却以一种特殊的形式来体现生命的可贵。

丧葬礼仪，按照民俗学的说法，既是人生最后一项“通过礼仪”，也是最后一项“脱离仪式”，它表示一个人完成了一生的全部行程，最终脱离了社会。丧葬之礼，除了表达慎终追远之意外，它的每一仪节，都代表生者对死者的怀念与尊敬，因而衍生了许多繁复的习俗与禁忌。

夜雨寄北

（唐）李商隐

君问归期未有期，巴山夜雨涨秋池。
何当共剪西窗烛，却话巴山夜雨时。

告别人世的开始——初终

亡人气绝后，讲究趁其身体未僵硬时，以最快的速度为死者换上预先特制的“寿衣”，还有些地方在绝气之前就提前换好了。“寿衣”包括单衣、夹衣、棉衣、棉袍或棉大衣，其件数用单数不用偶数，忌用兽皮、毛料及灰色布料。在给死者穿好寿衣后，还要理发、洗涤、整理遗容。死者气绝后，口中还要放入一枚古铜钱，叫作“口含钱”，这一习俗由古代“含玉”的丧礼演变而来。给死者装束好以后，家人即将其从床榻上移置一块木板上。这叫作“停丧”或“停尸”。停尸期间，死者头前或脚后要点油灯或蜡烛，俗称“引魂灯”，又叫“长明灯”。安置之后，要有一块布盖在死者脸上。以上这些程序，大体相当于传统丧礼中的“小殓”。

在给死者穿好寿衣，安放停当后，全家男女老少这才大放悲声，号啕痛哭，并烧化纸钱，俗称“烧倒身纸”。死者小殓之后，家人请来同族长辈和邻里乡亲，共同商定丧葬事宜。

A：What's wrong with you？
B：I have a cold.
A：你怎么了？
B：我感冒了。

›› 分担悲痛的仪式——报丧

报丧可以说是人死后的第一种仪式了。报丧仪式早在周代的时候就已经形成了。它用发信号的方式把有人逝世的消息告诉亲友和村人，即使已经知道消息的亲友家，也要照例过去报丧。

不同的地方有不同的报丧方式。有的地区，死了人的人家，要拿白纸扎成旗帜立在门前作为报丧的信号。有的地方，报丧的人到亲友家门不能径自入内，必须要等在门口喊屋里的人，等到他们拿一铲子火灰撒在门外之后，才可以进门报丧。有的地方，报丧习俗是用伞来暗示的。还有在外地的亲人如果收到一封信封的一角被烧焦的“焦头信”，就可以知道这是报丧信。而在旧时北京，人死了以后亲属就要把消息用讣闻告诉亲友。在汉族的观念里，报丧不仅是一种形式上的礼仪，更是一种和亲属一起分担悲痛的做法。

›› 最后的告别——入殓

入殓又叫“入棺”，古称“大殓”。入殓时，要由死者的儿子抱尸入棺。给死者铺盖停当以后，棺内还要放置一些生活用品和死者生前的心爱之物，但绝对禁止放毛织物和毛皮制品，如毛毯、毛毡、皮褥子、毛皮鞋之类。除了再撒一些五谷、纸钱外，还要在棺内放置一些驴蹄甲片和生铁片。生铁片最好是用犁铧碎片，取的是“入土开路”之意。

入殓完毕后，棺盖斜盖于棺身之上，仍留缝隙。待死者亲属最后检视后，在夜间或阴阳先生择定的时辰盖棺。盖棺又称“铆（mǎo）钉”“合棺”，即将棺盖盖上。有的地方在封棺之前有“眼殓”俗仪，即安葬前，停厝（cuò）在堂，棺盖不能合缝，以备

思维对对碰

题目：一撇一撇又一撇，一捺一捺又一捺。（猜一字）
答案：众。

亲人一睹遗容，最后与死者遗体告别。也有的因亲人远离家乡，等待远方亲人回来一睹遗容。入殓前后，停棺在堂，直至出殡。

哀痛的行程——奔丧

奔丧是古代汉族丧礼仪式之一，即居他处闻丧归，并服丧。周代礼仪规定，子女在外，如父母死，闻丧就应以哭答报丧者，然后详问父母死因，哭毕立刻穿上深衣、戴素冠急归故乡，途中素食，凡过一处皆哀哭过境，到家则自门外号哭于堂上。如因疾病、临产、生育等原因不能奔丧，则寄物以吊。历代，官员如遇父母大丧，一般皆须去职赴丧，朝廷重臣或身在军中者，皇帝有权诏令不奔。天子崩逝，自东汉始，往往对诸侯、守臣奔丧加以限制，以防止地方动乱。在封建社会，不奔父母丧，是大不孝的行为。亲戚得报，前来吊唁，送重被或香烛、纸钱等，已出嫁的女儿，接到讣告后，随即回家，沿途号哭，称“哭路头”。

披麻戴孝——成服

入殓后，死者家属、亲眷披麻戴孝，即“成服”。一般是孝子行三跪九叩礼后，执事者给孝子戴上用蒯编、纸花扎成的“愁笼帽”，披麻于身，脚纳草鞋，腰系草绳，手执哀杖，跪伏灵堂前。哀杖，俗称“孝杖棍”，长一尺八寸。男死用竹杖，女死用梧桐杆做，均粘贴白纸。舅公对不孝外甥，可用此杖来鞭扑，以示惩戒。

服也有别，视辈分而定穿麻、穿白或穿青等。成服时，摆酒席于中庭，祷告天地，然后由族中长老用朱笔在麻衣、孝帽、孝杖上点号颁赐，长老还要一边“做四句”，如：“赐你杖，子孙康健；赐你服，永食俸禄……”当晚还要设宴请亲朋入席，名叫“食成服”。

死后的关怀——招魂、送魂

死者的尸体安排就绪之后，就要举行招魂仪式。近代，人们主要用大幡来作为招魂的工具。幡旗迎风飘飘，取其缠绵之意，魂魄能够循着这飘扬的幡盖归来。大幡通常有三四丈高，它们的颜色和形状各不相同。另外，还有一种形式，幡的本身不是绣片，而是亡人的牌位，称为“官衔幡”。据说，招魂后死者的灵魂就依附于这块灵牌之上。幡的底座两边有穿杠的绳套，以便于出丧的时候由杠夫抬着，走在最前面导行。

人死后灵魂就要离开肉体，但是茫茫阴间，从哪里走呢？于是下一个程序就是由活着的人来给他"指路"，即为鬼魂指引升天的道路，也就是"送魂"。在北方一些宗教的亡灵世界里，亡灵的"回归"需要巫师的帮助和引导。首先，先上一条道，继续向前走去，就分出许多岔道，这是按照死者的不同性别设的小道。亡魂走上自己氏族的道，要渡过一条河，那里有许多白骨。这样做，据说可以安全渡河。

罗伯亚的丈夫弗兰克是一位足球教练，结婚30年多年来只要他的足球队一有球赛，便什么也顾不得，全神贯注于他的赛事。有一天罗伯亚的心情特别不好，但丈夫仍顾不上安慰她而要去参加比赛。罗伯亚怒从心起，吼道："弗兰克，为了一场球赛你甚至会连我的葬礼都顾不上参加吗？"弗兰克极其冷静地对妻子说："罗伯亚，你放心好了。我绝不会在有球赛的那天安排你的葬礼。"

对逝者的尊重——吊唁

吊唁是指亲友接到讣告后来吊丧，并慰问死者家属，死者家属要哭尸于室，对前来吊唁的人跪拜答谢，并迎送如礼。

首先要布置灵堂，灵前安放一张桌子，覆上白桌布，桌上摆着供品、香炉、烛台和长明灯等。在收殓之前，长明灯不能熄灭。尸体和灵柩都忌讳停放在光天化日之下，因此只要是举行祭奠仪式，就必须要搭灵棚。接下来就要举行开吊仪式，这是最讲究排场的一个仪式。来吊唁者除了长辈都要在哀乐声中向死者跪拜，俗称"先死为大"。现在，城市中吊唁仪式已经大大简化了，主要是遗体告别和开追悼会。前来吊唁的人身着素装，佩戴白花和黑纱，在悠戚的哀乐声中，向遗体鞠躬志哀，而后再绕遗体一周瞻仰遗容。吊唁的人可以向死者的主要亲属说些简短的劝慰的话，如"请多保重""望您节哀""要注意身体"等，劝慰丧家节哀顺变，保重身体。

我来考考你

1. "寿衣"包括______、______、______、棉袍或棉大衣。
2. 入殓后死者家属、亲眷披麻戴孝，即为"______"。

隆重的葬俗

同学们听说过“入土为安”这句话吗？说的就是殡葬仪式。人们为了将心灵感受以有形的对死者的怀念之情予以表达，就对死者的遗体进行安置，即“安葬”。丧葬礼仪是安葬、哀悼死者的一系列礼仪活动，中国丧葬礼仪的每一项仪俗都充满着人情味，充满着伦理色彩，等次清晰，情深意蕴；丧葬礼仪在一系列人生礼仪中，既显得庄严、隆重，又带有相当程度的神秘色彩。

永远的离去——起灵

吊祭者公奠之后，死者的长子跪拜致礼，身背棺木大头，在众人的协助下把棺木移出灵棚，俗称“出灵”。很多地方都有在出灵时于棺木后头打碎死者生前用过的一个饭碗的习俗，取的是“斩殃杀祟，祛灾除祸”之意。有些地方还要磕碎死者生前用过的药罐，表示今后家中不再有人生病，再也用不着熬药了。还有的地方在起灵前死者的儿子们还要进行一种摁“食压钵”的仪式。他们在一个瓷罐中挟入各种菜肴、食品，然后轮番摁捺，一直到满为止。最上面放一个馒头盖住，用一双筷子竖立穿孔，上面再盘一些染红的粉丝。此罐食品连同“下气馒首”“长明灯”等，在出殡时都将随棺下葬。

棺木抬出灵堂后，便放到预先绑好的架子上，架子有豆腐架、二龙杠、独龙杠等数种形式。有的还要在棺木前摆上供桌、供品，家人扛着引魂幡，在鼓乐声中绕棺木左转三圈，右转三圈，以表示对死者的依恋难舍。每转一圈，就要浇奠一次。绕棺完毕，升棺起灵。这一过程被称为“绕灵大起丧”。

无题

（唐）李商隐

相见时难别亦难，东风无力百花残。
春蚕到死丝方尽，蜡炬成灰泪始干。
晓镜但愁云鬓改，夜吟应觉月光寒。
蓬山此去无多路，青鸟殷勤为探看。

隆重的仪式——出殡

把灵柩送到埋葬的地方下葬，叫作“出丧”，又叫“出殡”，俗称“送葬”。入殓以后，紧跟着就要定出殡的时间。旧时还讲究由阴阳先生择吉日，定坟“空”，即所谓坟地什么时候能进得去。出殡时间确定以后，便要通告亲友，去时要带去孝布一

A：What are you going to do this weekend？
B：I am going to swim.
A：这个周末干什么？
B：我去游泳。

块，依关系远近亲疏，大者一身孝衣，小者一方孝巾，称之为“送孝”。

出殡这一天，亲友、邻里汇集丧家，祭送奠仪，以示哀悼。亲朋好友大多送挽幛、挽联，以后衍化为一块布料，20 世纪 50 年代以后，纸礼多为花圈代替。棺木抬起之前，死者的长子双膝跪倒，手捧烧纸钱的瓦盆，失声痛哭，然后把瓦盆在地上摔碎。来到村外后，送葬的亲朋止步，由死者的儿子“谢孝”。然后除去棺罩、停下仪仗，只有家人与至亲携纸扎及祭品随棺前往坟地，时辰一到，即刻下葬。死者如入祖坟，其墓穴在上辈脚下。依次类排，直到坟地无法再开穴后。

坟丘堆成后，死者儿孙所持的“哭杖”和“引魂幡”要插在坟头，接着烧化所有纸扎，大家再祭奠一番，痛哭尽哀，然后悄然退出，让死者永远安息于地下。

忌讳多多的仪式——送丧

送丧也叫“送殡”。送殡有很多的禁忌和习俗：忌参加丧礼的人，与亡者生辰八字相克；忌参加丧礼的人，与亡者生肖相克；孕妇在封钉时要回避；移柩时除了移柩工人和移柩道士，所有人都要回避，移柩完需要治煞，以防有小孩和孕妇在参加丧礼时被煞到；棺木下葬掩土时所有人都必须回头不能看；夫妻一方过世另一方不能送丧，不然家里会散和空，空即表示财产会一点一点流逝而会不招财。

另外，丧偶之人，如果有改嫁或续弦的计划，当天送葬要“撑黑伞”，取其“散”音，一则让送葬亲友了解未亡人的打算；再则间接告知岳家或婆家未来的意愿。若是丈夫去世妻子送他上山，被看作是有想要再婚的意思；若是妻子去世丈夫想要续弦的话，则要跨过棺材。

一路哀歌——哭丧

哭丧是中国丧葬礼俗的一大特色。哭丧仪式贯穿于丧仪的始终，大的场面多达数次。而出殡时的哭丧仪式是最受重视的。出殡的时候必须有全体后代尤其是男人们“唱哭”，否则按照民间旧俗他们就会被视为不孝。另外，哭的声音大小也非常重要，如果哪家死者在黄泉路上没有响彻天地的哭声相伴，便会在方圆数十里传为笑柄，其子孙后代也要被人们视为不孝，大逆不道，天理难容。

由执绋者唱挽歌送丧的风俗，起源于汉代，是从汉武帝开始的。挽歌的代表性作品是《韭露》《蒿里》，《韭露》是为王公贵人出殡时唱，《蒿里》则是为士大夫和一般百姓出殡时唱。这两首通行西汉的挽歌，相传是田横门客的作品，可以说是迄今为止有文字记载的最早的挽歌。

亡灵的归宿——棺椁(guǒ)

棺椁指的是装殓尸体的器具。椁，棺外的套棺，就是棺材外面套的大棺材。人们为了死者到另一个世界过得更好，就为死者准备了华丽的棺材。棺材又名“老房”，有好多种，但以木棺为主。因受经济条件的限制，一般多用松木、柏木加工而成；特别讲究的棺材就用很名贵的楠木或天然水晶石等精制而成。因制作的时间不同，也有不同的名称，在人未死前制作的棺材称“寿材”，为了敬祝老人长寿，又称“百岁坊”。

牧师在老邮递员约翰的棺材旁颂诗祈祷：“冬天，当大雪纷飞、寒风刺骨的时候，你来了；春天，当道路泥泞、沼泽为患的时候，你来了；夏天，当尘土飞扬、太阳灼热的时候，你来了；秋天，当秋雨绵绵、寒气袭人的时候，你来了。”从教堂出来后，阿尔宾对他的邻居奥洛夫说：“奥洛夫，牧师今天的讲话很不错。”“是的，很不错，但是没必要那么长，实际上他只需说约翰在各种鬼天气里都来就够了。”

棺材的外形也是非常奇特的，前端大，后端小，呈梯形状。棺木外涂油漆，有黑、紫、红、黄等几种颜色。棺木外面一般有彩绘图案，上等木材更以木质本色为底，作素色推光漆画，显得金碧辉煌。广西柳州因为出产优质木材，棺材制作工艺水准亦很高，故旧时有“住在杭州，穿在苏州，食在广州，死在柳州”之说。

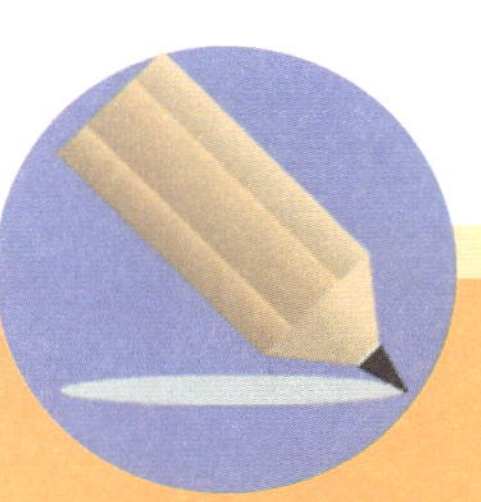

我来考考你

1. 尸体收敛之后就要把灵柩送到埋葬的地方下葬，叫作______。
2. 同学们，我们经常听人说棺椁。“棺”是指棺材，我们都知道，那么“椁”是指什么呢？

严肃的祭俗

从古至今，人们认为人虽然死后不得复生，但可一律归天。当然，这是一种迷信的说法，实则寄托着人们的一种美好愿望，虽人死不能复生，但他的魂灵，却永存于他人的心中。在我国民俗中，对已故的亲人都有固定的祭祀之日，到了这一天，人们都会在家或到墓地祭祀亲人，以表达自己的思念之情，祭祀习俗就是人们这种心情的表达。

子孙的怀念——祭祀

中国古代的祭祀仪式隆重而繁琐，并且往往以儒家经典的形式给予规定。民间在丧期祭奠活动中虽然仪式很多，但到了现在已经简单多了，主要有设灵堂、客祭、做七等。

人气绝身亡后，丧家便在自家设一灵堂以便祭奠。民间相信灵魂不死，认为死亡仅仅是灵魂摆脱了肉体的束缚，因此，必须让灵魂有一个安顿之处，久而久之，演变成现在的灵堂，作为一种临时的对亡者祭奠的场所。灵堂的布置讲究肃穆庄重、文明整洁。

忆江南

（唐）温庭筠

梳洗罢，独倚望江楼。
过尽千帆皆不是，
斜晖脉脉水悠悠。
肠断白苹洲。

在设灵堂之后到出殡大殓之前，逝者生前的族戚好友会前来吊丧，过去称为“开吊”，现在则称为“客祭”。按旧礼，亲朋好友吊丧须行三跪九叩之礼。但现在的做法比较简单，一般是亲朋好友要先点上三支香，然后向遗像行三鞠躬礼，丧家则在一旁鞠躬回礼。做七也叫“七七”，是民间办丧事时普遍举行的一种祭奠仪式。因为民间相信灵魂的存在，人死还会转生，通常做七要举行超度死者亡灵的佛事。从做头七起，就要为死者设灵堂，死者家属要每隔七天祭祀一次。如果七期已满，就要举行叫“断七”或“满七”的祭奠活动，同时撤掉灵堂，取下黑纱。

不忘先祖——祭墓

祭墓乃怀念先人、寄托哀思、表达孝心的一种祭祀风俗。但在上古时代，没有祭墓的风俗，上墓行礼的情况，也并不多。《礼记·奔丧》规定，去参加丧礼，迟到了，没有赶上出殡，就到

ABC 洋话天天说

A：We are going to my father's hometown.
B：Wish you a good trip!
A：我们要去我爸爸的家乡。
B：祝你们旅途愉快！

死者的墓地行礼，以表歉意。这个风俗，至今仍在不少地区保留着。没赶上出殡，是不吉利的事，上墓行礼是弥补之法。

又《礼记·檀弓下》说，离开自己的故乡，就应该到祖墓上去辞行，还要哭一场，以表离开家乡、离开祖墓的悲凉之情。从外地回来后，要到祖墓去“省视”一番，意思是向祖宗们报告，自己从外地回来了。因其他原因在外地的人，无法回乡祭墓，那就“望墓以祭”。最好是登上高山，望着祖墓所在的那个方向，行祭祀的各种仪式，把纸钱撒向空中。这也叫作“望祭”。如果当地没有山，那就在作为水路的河流边上，望着祖墓所在的那个方向设祭，意在让生人的孝恩，沿着水路，回到家乡，达于祖墓。唐代诗人王建《寒食行》中有“远人无坟水头祭，还引妇姑望乡拜”之句，就是描写这种情景。

一个隆重的葬礼正在进行着，悼念一个刚刚因病死去的人。在让死者入土为安之前，牧师用他沉痛的语调，诉说着这个人的生平：“在这里，躺着这样一个人，他生前是一个诚实有信的好律师，一个富有爱心的好丈夫，一个具有家庭责任感的好父亲……”这时，遗孀低下头，悄悄对她的孩子说：“你去看一看那棺材里面躺着的是不是你爸爸！”

表达忠诚的仪式——守孝

旧俗规定，尊亲去世后，在服满以前停止娱乐和交际，在家守孝表示哀悼。一个人死后，其子女要服孝三年，俗称“服三”。古人解释“孝”就是对父母养育之恩的一种回报，你在父母怀抱有三年时间完全不能自立，完全依赖父母而生存，所以父母死后你要守孝三年。孝子应在父母墓旁搭棚而居，前三天不饮食，前七天内只能吃粥，七天后才能吃水果蔬菜，“二七”后才能吃肉，一般情况下，居丧三年内都不能饮酒。

守孝满一周年烧纸祭奠，叫“周年”或“烧周年”，古代称为“小祥”。第二个周年叫“大祥”，也要去坟地致祭。满三周年烧纸祭奠，死者的亲友毕至，各带供品、纸扎。三周年过后，死者的子女即可脱去孝服，改换平常衣着。所以三周年又叫“脱服”或“除孝”。按照传统的说法，丧葬礼仪至此才算正式结束。

我来考考你

1. 同学们，你知道灵堂是什么吗？
2. 一个人去世后，其子女要服孝三年，俗称“______”。

千奇百怪的葬礼

不同的地方会有不同的丧葬习俗，安葬方式也是这样。除了常见的土葬、火葬外，不少民族和地区都有着自己特殊的安葬模式，如水葬、天葬等。

入土为安——土葬

土葬，葬式之一，又称“埋葬”。流行于世界各地，约产生于旧石器时代中期。原始公社时期，各氏族均有固定的墓地。奴隶社会和封建社会，各宗族亦有固定的墓地。土葬墓一般葬一具遗体，但也有多人或氏族、家族合葬的。墓室大多有不同质地的棺和殉葬品。在阶级社会，统治阶级墓葬的殉葬品甚丰，甚至有“人殉”。随着社会的发展，土葬衍变为多种形式。

我国土葬在不同民族和不同的历史时期的形式、特点虽有差别，但其基本观念都一样，即认为死者应保存完尸，“入土为安”，故土葬之俗长期因袭。我国中原的广大地区，土地肥沃，农业文明历史悠久，百姓世代以农为业，视土地为生命之本，他们认为人死后埋于土中，是灵魂得以安息的最好办法。此外，土葬也符合汉族人民的生活习惯以及慎终追远的伦理情感。“生命是从泥土中来，再回泥土中去”这个观念根深蒂固。汉族崇尚黄色，历代帝王把黄作为显贵之色，黄色实为土色，在阴阳五行中，“土”居于中位，是最稳定、最可靠的基础，因此土葬符合汉族的生活习俗和传统观念。

诗词贝贝乐

相见欢

（南唐）李煜

无言独上西楼，月如钩。
寂寞梧桐深院锁清秋。
剪不断，理还乱，是离愁。
别是一般滋味在心头。

洋话天天说

A：Thank you very much.
B：You are welcome.
A：谢谢你。
B：不客气。

化烟升天——火葬

火葬，也称“火化”，是一种比较古老的葬俗。早在新石器时代，我国就出现了火葬，这一葬俗是先流行于少数民族的。火葬习俗的具体表现各地不尽相同，有的地方要举行隆重的仪式。对于骨灰的处理也有种种不同，有的以瓮盛之，并设祭；有的焚尸后将骨灰弃之水中；有的是将骨灰埋葬。至于火葬的用意，除有的民族地区是因受佛教影响外，其余各民族地区情况不太一样，有这样两种说法：一种是认为火葬是为了让死者顺利升天；另一种说法认为，只有尸体消灭后，鬼魂才能到其所应到的冥间去生活。

新中国成立后，出于保护耕地、节约土地资源等目的，一贯倡导火葬。火化后的骨灰会归还给死者近亲。除了骨灰，火葬场会准备一张火葬的官方证明书给家属，用来证明死者遗体已合法处置，证书必须与骨灰一同保留。骨灰可以存放在一个骨灰盒或撒在一个特殊的地方，如山上、海中，或埋在地下等。据说一些虔诚佛教徒的遗体，火化后会出现舍利子。相传佛祖释迦牟尼死后，有八国国王分取其舍利建塔供奉。

随风而去——树葬

树葬，又称“风葬”“挂葬”“悬空葬”，也是一种古老的葬式。其葬法是将死者置于深山或野外，在树杈上架以横木，然后将死者置于其上任其风化；也有的将死者悬于树上或陈放于专门制作的木架上。关于树葬，从其葬式和木架结构等情况看，大致可以分为以下几种类型。

悬尸于树：这种葬法在我国历史文献和民族学资料中都不乏其例。其做法是用破布或棕皮包裹尸体，置于竹筐中，请道公开路，把竹筐挂在山冲的树林中，让尸体迅速腐烂。

缚尸于树：此葬法是以藤条或绳索之类将死者直接捆缚于树上。这种葬法留下的资料不多。

置尸于台：即在大树的两枝树杈上并排搭上小树条，上面再铺上树枝，构成一个小小的平台，然后将死者放在树枝搭成的平台上。具体做法是：人死后在家停放一两天，然后将尸体运到山上，选择三棵树或四棵树成正角的地方，在树杈间搭以横梁木架，上铺树枝，然后将尸体陈放在木架上，并在死者身旁放上锅、勺、碗（必须敲掉一块）、烟袋等物品作为陪葬品。此后，即使树架朽落，尸骨掉下也不再过问。

高瞻远瞩——悬棺葬

悬棺葬，又名“崖葬”，是我国古代居于南方的濮越民族的一种特殊葬俗，被认为是世界文化史上的一大奇迹。其葬法是利用天然岩缝或木桩把棺材悬置在峭壁之上，或者将棺材放在天然或人工凿成的岩洞之中。悬棺葬的葬地都是选在面临江河的绝壁高岩上，其葬具多为船棺，长度为 2 ~ 3 米，宽约半米多，形体似一只船，分为头、尾和仓三部分，头尾翘起，仓为棺柩，安放尸体。

我国大陆的崖葬主要存于两大区，处于东南地区的，在赣、浙、闽三省，例如武夷山和栏杆山的崖葬，约为山越、瓯越、闽越的遗迹，系古之百越；处于西南地区的，在川、滇等省。

古代濮越民族的生活习惯对其葬式产生了深刻的影响。纵观我国崖葬的葬具，虽然样式不少，但船形棺是早期的典型形制。从发掘情况看，东南地区的崖葬棺具的船形虽不如西南地区的显著，但都是用原木半开刳（kū）成，整个棺具极似独木舟。古濮越人善于用舟，死后以船为棺安葬，乃自然之事。在他们看来，同他们密切相关的船只，会把他们的灵魂载回故乡，或驶向另一美满的世界去。

灵魂归天——天葬

天葬是藏地古老而独特的风俗习惯，也是大部分西藏人采用的丧葬方法，就是将死者的尸体喂鹫鹰。鹫鹰食后飞上天空，藏人认为这样死者能够顺利升天。天葬在天葬场举行，各地有固定地点。人死后，停尸数日，请喇嘛念经择日送葬。出殡一般很早，有专人将尸体送至天葬场，天葬师首先焚香供神，鹫鹰见烟火而聚集在天葬场周围。天葬师随即将尸体衣服剥去，按一定程序肢解尸体，使肉骨剥离。骨头用石头捣碎，并拌以糌粑，肉切成小块放置一旁。最后用哨声呼来鹫鹰，按骨、肉顺序分别喂食，直到鹫鹰将骨、肉吞食净尽 。

藏族佛教信徒们认为，天葬寄托着一种升上“天堂”的愿望。天，在藏民心目中有崇高的地位，雪域高原离天最近，它不仅是富有万千风光的自然界的天，而且还是人们心目中的极乐世界。用幻想消除对死亡的恐惧，摆脱现实的烦恼，把希望寄托于未来，这也是一种人生态度。

肚皮笑笑破

有位数学教授非常喜欢的一名学生死了，这位教授被要求在葬礼上做一个演说。那天，风雨瑟瑟，学生的家属们哀痛不已。教授开始致词，他首先指出，这位学生极有数学天分，这么早就离去实在令人痛惜。家属一听，哭得越来越凶。接下来，教授说，尽管这个学生在交给他的论文中有错，但是如果按照这条路子走，应该有可能能证明哥德巴赫猜想。接下来，教授继续热情洋溢地冒雨讲道：“事实上，让我们考虑一个单变量的复函数……”众人一听皆倒。

我来考考你

1. 火葬也称“火化”，是一种比较古老的葬俗，最早出现在我国的______时代。
   A. 新石器　　B. 战国　　C. 秦朝　　D. 明朝
2. 悬棺葬是我国古代哪一民族的习俗？

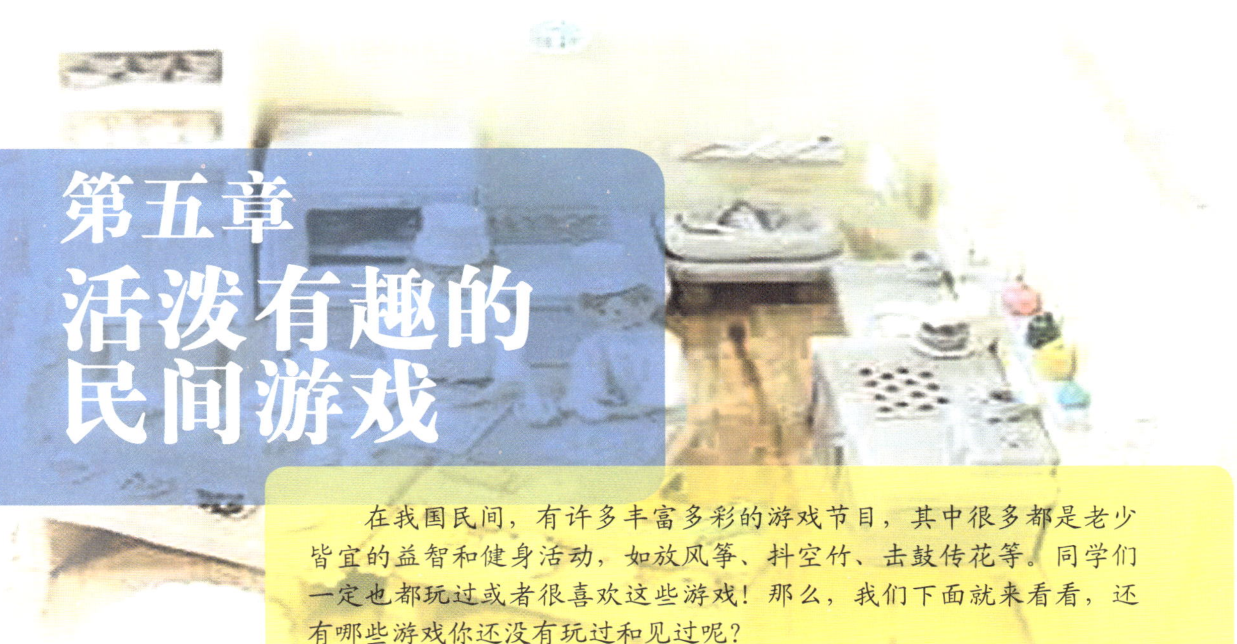

第五章 活泼有趣的民间游戏

在我国民间，有许多丰富多彩的游戏节目，其中很多都是老少皆宜的益智和健身活动，如放风筝、抖空竹、击鼓传花等。同学们一定也都玩过或者很喜欢这些游戏！那么，我们下面就来看看，还有哪些游戏你还没有玩过和见过呢？

生动调皮的儿童游戏

同学们，你和你的小伙伴在玩什么游戏呢？你们一定玩过很多有趣的游戏吧？你们玩过老鹰抓小鸡、跳皮筋、捉迷藏、过家家、斗蟋蟀、骑竹马、打陀螺、滚铁环这些游戏吗？下面就让我带你了解这些有趣的游戏，相信当你了解了以后一定很喜欢这些游戏的。

紧张刺激——老鹰捉小鸡

同学们，你们玩过老鹰抓小鸡的游戏吗？这是一个很刺激的游戏：一个人当“老鹰”，其他人排成一列，队首当“母鸡”，后面的人抓住前面人的衣角排成一列做“小鸡”。“老鹰”的目标是抓住“小鸡”，“母鸡”要与“老鹰”斗智斗勇，保护身后的“小鸡”。游戏时，“老鹰”频频向“小鸡”发起攻击，“鸡妈妈”左闪右躲护着“小鸡”，巧妙地化解“老鹰”咄咄逼人的攻势。凶残的“老鹰”与一群善良的鸡的“战斗”，惊险刺激。人数四人以上为佳，三种角色也可以轮换。“恶鹰”扑食时，“母鸡”左推右挡，躲在后面的一群“小鸡”大叫着随着“母鸡”转移，动作稍慢被“逮”到的则惊恐万分。谁被抓住了，谁就要去当下一轮的“老鹰”了。

诗词贝贝乐

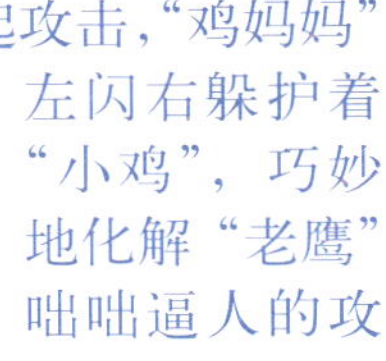

渔家傲

（宋）范仲淹

塞下秋来风景异，衡阳雁去无留意。四面边声连角起，千嶂里，长烟落日孤城闭。　浊酒一杯家万里，燕然未勒归无计，羌管悠悠霜满地，人不寐，将军白发征夫泪。

讲究技巧——跳皮筋

同学们，从你和你的小伙伴的书包里是不是总能拎出由很多根橡皮筋结成的一根长长的皮筋来呢？那你知道多少种跳皮筋的花样呢？

跳皮筋，也叫“跳百索”，是专属于女孩子的游戏。其花样繁多，分单人跳和多人跳等形式。单人跳时，双手摆绳，可前摆跳、后摆跳、双手交叉跳，也可带人跳、蹲跳、跑步快跳等。多人跳时，所有人分成两队，由两人摆绳，或者将绳一端系树上由一人摆绳，两队人马确定先后顺序后开始边跳边唱，跳的花样有很多，像“小马过河”“马兰花”“周扒皮”等。每跳完一曲，皮筋高度便升高一次。一般是从脚踩皮筋开始，依次为：脚腕、膝部、胯部、腰部、腋下、肩膀、耳朵、头顶、小举、大举。如跳时犯规或够不到皮筋时，双方换人。在校园里，经常会有很多人在跳橡皮筋，同学们要是感兴趣的话就赶紧参加进去吧！

幼童的最爱——捉迷藏

同学们，你们玩过捉迷藏的游戏吗？捉迷藏也称“逮人儿”，是20世纪五六十年代流行的儿童游戏，玩法多样，规则也不同，家中、教室里、操场都可以是捉迷藏的地点。

A：I am sorry.
B：That's all right.
A：对不起。
B：没关系。

一种是用布将一个小伙伴的眼睛蒙上，其他的人分散在周围，这限于比较小的空间。还有一种不用蒙眼睛，游戏者尽量藏在某个隐蔽的地方，被找出来就算你输了。最好是有月亮的晚上，躲在稻草堆和麦垛中，当“敌人”靠近时你能听见自己的心在怦怦直跳。还有一种玩法是：众人分成两伙，选一棵树或一面墙为“家”，一方守家并寻找另一方躲藏者；另一方则在附近各处藏匿起来，并伺机回“家”或“救人”。若躲开追逐并摸到“家”，即胜；若被对方抓住，则被带至“家”内严加“看管”，同伙则伺机前来“搭救”。同伙相救，手接触到即得救，可以再跑；若被抓的人数多，他们可手拉手待“救”，来救者只需“救”一个即可使全部得救。至一方将对方全部抓获则为胜利，游戏一局结束，双方轮换角色继续进行。

成长的快乐——过家家

过家家是流行于全国各地小朋友之间的一种游戏，一个人或几个人都可进行。几个人一起玩时，有人当“爸爸”“妈妈”“弟弟”“老师”“医生”等，有人去“买菜”“煮饭”“哄娃娃”“讲课”“看病”等，也有模拟种瓜、种菜等生产活动的……小朋友们一起模仿大人过日子，十分有趣。

小伙伴里经常会有一个“领导”式的孩子来决定干什么并分配角色，故事类型大致有几类：夫妻式、母子式、医生和病人以及老师和学生等几种。游戏中，有的把一丛丛的植物作为沙发，把石头垒起来作为灶台，大石头作为桌子。有的人拿着听筒当医生，有的做护士给娃娃们打针、量体温，还有的把白墙当黑板，给娃娃或小伙伴上课。玩具有塑料的，也有金属和陶瓷的，还有像芭比娃娃之类超级精致的，而且仿真的小道具也越来越多，类似医生的听筒、烧饭的锅以及房子之类可以拆卸的玩具全都出现了。游戏虽然很简单，也没有输赢，但是这个游戏似乎永远都很受小朋友的欢迎，而且百玩不厌！

两小无猜——骑竹马

同学们知道什么叫“竹马”吗？“骑竹马”是以前男孩子们喜欢玩的一种游戏，他们用一根竹竿当马，放在两腿中间，后头着地，前面用手把牢，指挥着它奔跑或停下。小巷内、街角边、天井中，往往可以见到成群放了学的顽童在玩竹马。

骑竹马作为儿童游戏有着悠久的历史。晋代张华《博物志》记载：“小儿五岁曰鸠车之戏，七岁曰竹马之戏。”因为骑竹马预示小孩长大后走富贵路，大人总是动员小孩去骑竹马。此外，竹马简单易玩，以竹、以木、以秫皆无不可，跨于裆下，手持刀、枪、剑、棒之类，威风凛凛，颇有将军气概，广为男孩子所喜爱。成语“青梅竹马”里的“竹马”代指儿时的友情，但也表明骑竹马已是当时儿童中很流行的游戏。还有一些比较复杂的竹马，不再是简单的一根竹竿，而是以竹或纸扎为马头形，拖着带竹叶的长长尾巴，马头形象非常逼真。唐代大诗人李白诗云：“郎骑竹马来，绕床弄青梅。同居长干里，两小无嫌猜。”仅此几句，男女儿童在一块儿活泼嬉戏的情景，宛若眼前。

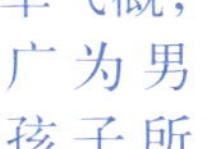

肚皮笑笑破

小美正在和妈妈捉迷藏，忽然看见隔壁家的小宝宝喝着奶瓶里的奶，于是想起一件事，急忙问妈妈：“妈妈，我是从你肚子里生出来的吗？”“当然是啊。”妈妈笑着回答道。小美又急忙问：“那你肚子里也有个奶瓶，对吗？”妈妈一听，目瞪口呆。

鞭答的快乐——打陀螺

同学们，你们玩过打陀螺的游戏吗？陀螺在有的地方也叫作“地牛”，它一般是木质的，上半部分是圆柱体，底部呈圆锥形状。为了保持旋转的稳定性，在陀螺底部还要按上一个轴承珠子。纯木质的陀螺如果没有珠子，旋转的速度和稳定性就差远了！有时候，孩子们用破砖头自己打磨砖质的陀螺，玩起来效果更好一些，但唯一的缺点是磨损太快。

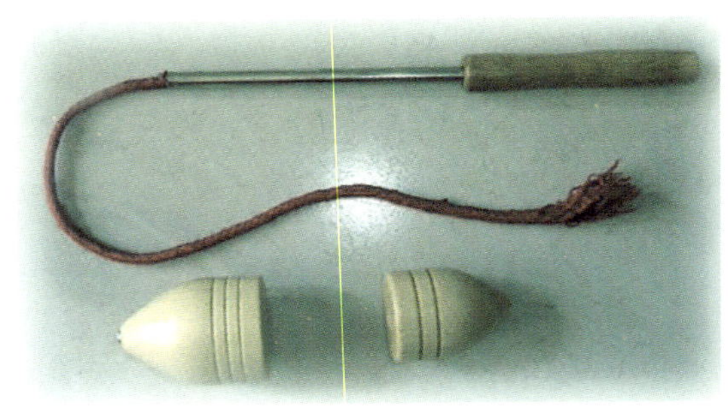

抽陀螺要用鞭子，鞭子有鞭杆和鞭绳两个部分。鞭杆一般长两尺左右，要直而结实，竹枝或者细木棍都可以用。鞭绳要粗细合适，太细抽不上力，太粗则很容易把陀螺打飞。玩时用鞭绳缠绕陀螺，突然拉动，陀螺就在地上飞速转动，为保持陀螺持续转动，要不断用鞭子抽打，鞭子要抽打在陀螺的中间，高了或低了都会让陀螺在地上横滚。有的还在陀螺上贴上一些彩纸，转起来以后，陀螺色彩随着转速变化，五颜六色，相当绚丽。

平衡与速度的考验——推铁圈儿

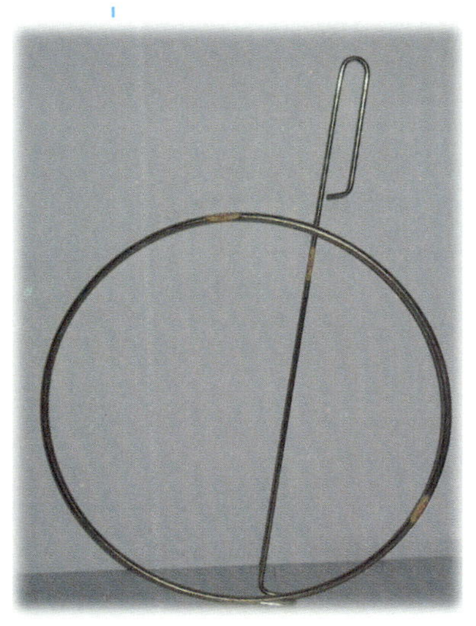

同学们，见过别人玩推铁圈儿吗？可能很多人都没见过吧！但是在以前这可是在小孩子中极为流行的玩具呢！铁圈儿大致有两种，一是原来木桶上的铁箍，二是用粗铁丝拧成的，若是再加上一个铁环儿，推起来还能发出铃铛一样的声响。推铁圈儿的工具一般为铁丝做的，后面拧一个把手，前面弯成一个钩子，有时为了省事，拿青秫（shú）秸（jiē）也可以，秫秸有一定韧性，弯成中间短两头长的一个三角就可以了，还可以换成一根竹棍或别的，只要能推着铁圈滚就行。这个玩具制作简单，场地要求也不高，只要是平地就行。玩的时候也没有什么具体规则，大家可以在操场上，看谁滚得快、滚得远，既锻炼了身体，又锻炼了掌握平衡的能力。

我来考考你

1. ______ 也叫“跳百索”，是专属于女孩子的游戏。
2. ______ 在有的地方也叫作“地牛”，它一般是木质的，上半部分是圆柱体，底部呈圆锥形状。

别具特色的坊间游戏

同学们，我国民间还有着许许多多有意思的传统游戏项目，如抛绣球、荡秋千、放风筝等，这些都是人们在学习劳作之余休闲娱乐、锻炼身体的活动。下面就带领大家了解一下这些有趣的游戏吧！

浣溪沙

（宋）晏殊

一曲新词酒一杯，去年天气旧亭台。
夕阳西下几时回？无可奈何花落去，
似曾相识燕归来。小园香径独徘徊。

最浪漫的游戏——抛绣球

绣球是姑娘们手工做成的绣花布囊，以圆形最为常见，也有椭圆形、方形、菱形，绣球大如拳头，内装棉花籽、谷粟、谷壳等，上下两端分别系有彩带和红坠。

每逢春节、三月三、中秋节等传统佳节，壮族人民都要举行歌圩。在歌圩中青年们分成男女两方，拉开适当距离，互相引吭高歌，用歌声来表达问候和增进了解。对歌有问有答，娓娓动听，姑娘们情不自禁地拿起手中精致的绣球，向意中人抛去，小伙子准确无误地接住绣球，将它欣赏一番后，又向姑娘抛回去。如果小伙子看上哪一位姑娘，就在绣球上系上自己的小礼物，抛回馈赠女方。姑娘接住小伙子的礼物后，若收下，就说明她接受了小伙子的追求。另外，还有一种形式，就是在场地上立一高10米左右的木杆，杆顶钉有中间挖成圆洞的木板，男女分列两旁，将球投向圆洞，

A：Can you swim？
B：Yes，I can.
A：你会游泳吗？
B：会。

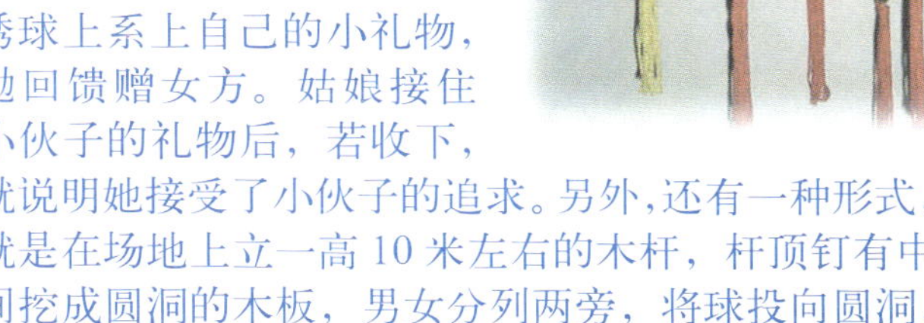

以穿洞而过者为胜。抛绣球不但具有社交娱乐的作用，而且能锻炼人的体力、意志，提高人的灵敏性，培养人果断、坚毅、自信和积极向上的高尚品质。

老少皆宜的娱乐——放风筝

很多同学都放过风筝吧！你们喜欢放风筝吗？放风筝在我国有2000多年的历史，最早是为图吉利，人们将风筝放得高高的，等快钻进云彩里的时候，就一刀将风筝线剪断，那风筝就看不见了，于是高喊“晦气走了”以图吉利。以后放风筝逐步成为人们的一项休闲活动。近年来，由于放飞技术的发展，风筝日益成为竞技性很强的体育活动。

放风筝是老少皆宜、健康身心的娱乐性体育活动。它可就地取材，制作方便，易于普及，也可以精工细作，显示不同民族的精湛工艺水平和美术构思。要让风筝飞起来，地面必须有风，但风速过大也不好放飞；放风筝最怕的是风向不定，因为此时风筝最容易“栽”下来。放风筝的较高境界是：放时相牵，一线相连，未放之时，如马卧槽，放飞后如同进了赛马场，要精神抖擞，把线看作缰绳紧拉，如同驯马一般，然后望天入静，随其飘移而前后奔走。放风筝能使人情绪开朗、心境愉悦；放飞者极目蓝天，其心胸也会感到开阔；此外，春季草长莺飞，触目皆景，放飞风筝，如同一次人与自然的美好对话。

思维对对碰

题目：要一半，扔一半。（猜一字）
答案：奶。

肚皮笑笑破

小宝很贪玩，总是和隔壁的小军玩游戏而忘了做作业。从前他对老师的提问总是回答不上来，可是这天他却神气地正确回答了老师的所有问题。老师非常满意地说：“你的成绩提高得很快，你近来是在上辅导课吗？”小宝回答道：“不是的，老师。是因为这几天隔壁的小军生病了，没人和我玩。”

强身健体——打秋千

打秋千也称“荡秋千”，盛行于清明、寒食时节，有运动和娱乐的功能，也兼有信仰上的缘由，俗谚曰：“悠一悠，不长秋。”是说春天打了秋千，秋天不招瘟疫。因此，男女老少都会踊跃地去“悠一悠”。

搭架秋千时，先竖两根粗壮的立柱，加两对交叉的托梁柱，下端深埋土中，上端结实地绑扎粗壮横梁，拴秋千绳的环用腊条圈穿套在梁上。打秋千之前，玩家抓住两条绳上的两只拘向外甩开，名为“撇拘”，然后即可开始荡秋千。荡秋千的花样有很多，如“独立”“独坐”“单人跪驱”“捞鱼摸虾”“悬棒槌”“打胖孩儿”“逛花园”“青石板”“串花心”等，有的动作还伴以歌谣，如“桃花开，杏花败，李子开花翻过来”，引得大人、小孩争先一试，人人乐在其中！

>> 技巧的展示——抖空竹

同学们见过别人抖空竹吗？抖空竹亦称“抖嗡”“扯铃”，在中国北方，逢年过节人们都喜欢抖空竹，并能耍出许多花样。空竹，以竹木为材料制成，中空，因而得名。它原是庭院游戏，后经加工提高，有了竞技性质。

空竹为圆盘状，轮圈用竹制成，分为单轮和双轮，中有木轴，以竹棍系线绳缠绕木轴拽拉抖动。圆盘四周的哨口以一个大哨口为低音孔，若干小哨口为高音孔，以各圆盘哨口的数量而分为双响、四响、六响，直至三十六响。拽拉抖动时，各哨同时发音，高亢雄浑。玩的人双手各拿两根两尺长的小竹棍，顶端都系一根长约五尺的棉线绳，绕线轴一圈或两圈，一手提一手送，不断抖动，加速旋转时，哨口便发出鸣声。抖动时姿势多变，绳索翻花，表演出串绕、抡高、对扔、过桥等动作，称作“鸡上架”“仙人跳”“满天飞”“放捻转”等，让人眼花缭乱、目不暇接，令观者赞叹不已。

>> 热闹非凡的游戏——击鼓传花

同学们在一起玩过击鼓传花的游戏吗？这是一种汉族民间传统游戏，流行于全国各地。游戏的方法很简单：参加游戏的十几人或几十人围成一个圆圈坐下，其中一人拿花，一人背朝大家或蒙眼击鼓，鼓响开始传花，鼓停花止。花在谁手中，谁就摸彩或者表演节目。如果鼓声停止的时候，花束正好在两人手中，则两人可通过猜拳或其他方式决出负者。击鼓传花是一种老少皆宜的游戏，可以按纸条规定行事，多是唱歌、跳舞、猜谜和答问等健康有益的活动，内容丰富，形式多样，为集体聚会、家庭娱乐提供了一种简单易懂而又欢快活泼的游乐方式！

我来考考你

1. ______是姑娘们用手工做成的绣花布囊，以圆形最为常见，也有椭圆形、方形、菱形等。
2. ______又称“影子戏”“灯影戏”，它用灯光照射兽皮或纸版雕刻成的人物剪影以表演故事。

第六章 热闹温馨的节庆习俗

节俗是中华民族在长期的社会活动过程中适应生活、生产的各种需求而创制和传承下来的。随着时代的变化，这种传统文化越来越丰富多彩。同学们，你们是不是最喜欢过节啊？那就跟我来详细地了解一下这些节日的有关知识吧！

中国人最热闹的节日——春节

同学们，你们一定很喜欢过热闹喜庆的新春佳节吧！那你知道春节是怎么来的，春节这一天有哪些特殊的活动吗？

春节起源

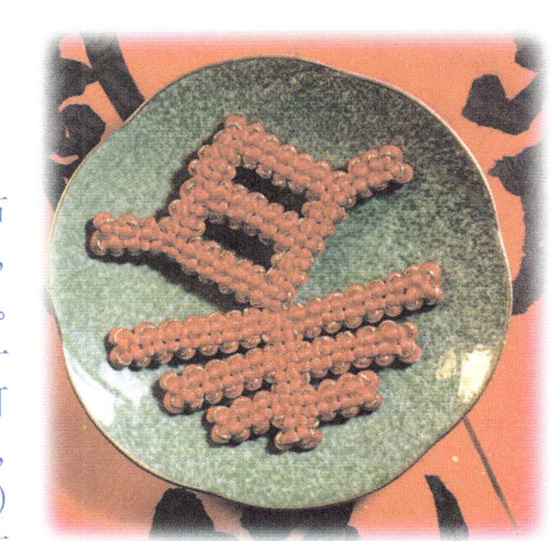

同学们，你知道春节是怎么来的吗？“春节”起源于上古时期，但“春节”正式得名是在辛亥革命以后。据史籍记载，春节在唐虞时叫“载”，夏代叫“岁”，商代叫“祀”，周代才叫“年”。目前，最早的年节因文献不足尚难定论，但西周初年已有了一年一度在新旧岁交替之际庆祝丰收和祭祀祖先的风俗活动，可以认为是“年”的雏形。到汉武帝时，为了让历法定型而不至错乱，创立并实行了“太初历”，以夏历的孟春之月（即今农历正月）为岁首，一直沿用至清末。年节，也就是春节，作为中华民族最隆重的节日，也因此以固定的日子沿袭下来。

祭送灶王

同学们，在新年来临时，你见过爷爷、奶奶祭送灶王吗？你知道这是怎么回事吗？祭送灶王是一项在中国民间影响很大、流传极广的习俗。传说灶王爷是玉皇大帝封的负责管理各

登飞来峰

（宋）王安石

飞来峰上千寻塔，闻说鸡鸣见日升。
不畏浮云遮望眼，自缘身在最高层。

家灶火的“九天东厨司命灶王府君”。“东厨司命”亦称“灶神”“灶君”“灶爷”“老灶爷”。其神龛大都设在灶房的北面或东面，中间供灶王爷的神像。神像有画灶王爷一人的，也有画男女两人的，女神被称为“灶王奶奶”。灶王爷像上大都还印有这一年的日历，上书“东厨司命主”“人间监察神”“一家之主”等文字，以表明灶神的地位。两旁贴有“上天言好事，下界保平安”“上天言好事，回宫降吉祥”或“人间司命主，天上奏功臣”的对联，以保佑全家老小的平安。每逢腊月二十四或二十三这一天晚上，家家户户都要放爆竹“送灶”，说是恭送灶王爷上天奏好事。在除夕之夜，要接灶王爷回来，也叫“接灶”“迎灶”。

除夕守岁

同学们，除夕之夜，当你放起劈里啪啦的鞭炮和漂亮的焰火的时候，你们知道这天晚上还要守岁吗？我国民间在除夕有守岁的习惯。守岁从吃年夜饭开始，这顿年夜饭要慢慢地吃，从掌灯时分入席，有的人家一直要吃到深夜。守岁的习俗，既有对如水逝去的岁月含惜别留念之情，又有对来临的新年寄以美好希望之意。

年三十守岁，俗名“熬年”。为什么称作“熬年”呢？相传，在远古的洪荒时代，有一种凶恶的怪兽，人们叫它“年”。每到大年三十晚上，年兽就要从海里爬出来伤害人畜，毁坏田园。人们为了躲避年兽，腊月三十晚上，天不黑就早早关紧大门，不敢睡觉，坐等天亮。为消磨时光，也为壮胆，他们就喝酒。等年初一早晨年兽不再出来，才敢出门。这便是传说中除夕守岁的来历。

洋话天天说

A：What date is it today？
B：I think it is 8th of May.
A：今天是几号？
B：5月8号。

思维对对碰

题目：没心思。（猜一字）
答案：田。

门神护家

同学们，每年过年，你们家是不是也要贴对联、贴门神呢？那你知道门神是怎么来的，为什么要贴门神吗？门神相传为天神，奉黄帝之命统辖人间鬼怪。故逢农历腊月三十晚，用桃木雕两神置大门两边，以御鬼怪，消灾难。后画两神像于门上，遂为门神。在我国的旧俗中，门上贴的神像初为钟馗、神荼、郁垒。古传这些神长相凶恶，能持械镇妖，保护门庭。到了唐代，便以秦琼和尉迟恭画像作为门神，也有的为敬温（或指晋代之温峤，或指东岳大帝属下之温将军）、岳（岳飞）二元帅。到明清时代，人们迷信，以为逢“武”都可避邪，就把历代武将均列为门神。如关羽与张飞、程咬金与史大奈、鲁智深与李逵、武松与林冲、郑成功与戚继光等，均对对相印，贴在门上。

贴春联

同学们，每当过年的时候，你们家一定贴春联吧？那你对春联了解吗？春联，也叫“门对”“春帖”“对联”“对子”，它以工整、对偶、简洁、精巧的文字描绘时代背景，抒发美好愿望，是我国特有的文学形式。每逢春节，无论城市还是农村，家家户户都要精选一副大红春联贴于门上，为节日增加喜庆气氛。

春联，起源于桃符（周代悬挂在大门两旁的长方形桃木板）。据《后汉书·礼仪志》记载，桃符长六寸，宽三寸，桃木板上书“神荼”“郁垒”二神之名。“正月一日，造桃符着户，名仙木，百鬼所畏。”所以，清代《燕京岁时记》上说：“春联者，即桃符也。”

春节贴春联的民俗起于宋代并在明代开始盛行。春联的种类比较多，依其使用场所，可分为门心、框对、横批、春条、斗斤等。“门心”贴于门板上端中心部位；“框对”贴于左右两个门框上；“横批”贴于门楣的横木上；“春条”根据不同的内容，贴于相应的地方；“斗斤”也叫“门叶”，为正方菱形，多贴在家具、影壁上。

倒贴“福”字

每逢新春佳节，家家户户都要在屋门上、墙壁上、门楣上贴上大大小小的“福”字。春节贴“福”字，是我国民间由来已久的风俗。

“福”字现在的解释是“幸福”，而在过去则指“福气”“福运”。春节贴“福”字，无论是现在还是过去，都寄托了人们对幸福生活的向往，也是对美好未来的祈愿。民间为了更充分地体现这种向往和祈愿，干脆将“福”字倒过来贴，表示“幸福已到”“福气已到”。民间还有将“福”字精描细刻做成各种图案的，图案有寿星、寿桃、鲤鱼跳龙门、五谷丰登、龙凤呈祥等。过去民间有“腊月二十四，家家写大字”的说法，“福”字以前多为手写，现在市场、商店中均有印刷品出售。

平安爆竹

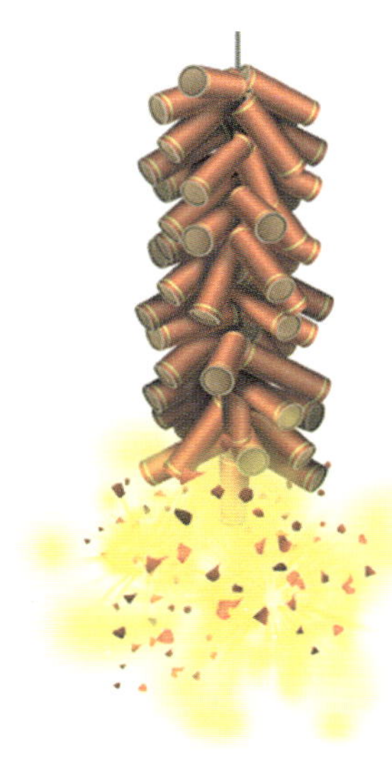

爆竹亦称“爆仗”“炮仗”“鞭炮”，为中国特有，从起源至今有两千多年的历史。相传很久以前，每年农历除夕的晚上会出现一种叫“年”的猛兽，为了吓退这种猛兽，人们在家门口燃烧竹节，由于竹腔内的空气受热膨胀，竹腔爆裂，从而发出巨响，借此驱赶年兽。随着火药的发明，火药爆竹取代了过去的竹节爆竹。爆竹最开始主要用于驱魔避邪，而现在燃放爆竹已成为具有民族特色的娱乐活动。人们除了在春节燃放爆竹辞旧迎新外，每逢重大节日及喜事庆典，诸如元宵节、端午节、中秋节及婚嫁、建房、开业等，亦要燃放爆竹以示庆贺。

肚皮笑笑破

从前有个少爷，平日吃喝玩乐，游手好闲，把他父亲留下的遗产都花光了，临近年关，连柴米也没有。除夕夜，这个穷困潦倒的少爷写了一副对联自嘲，贴于门口：行节俭事，过淡泊年。村上有位老学究读后，慨叹不已，在对联的联首各加上一字，成了：早行节俭事，免过淡泊年。

互拜新年

同学们，大年初一的时候，你们一定跟着爸爸妈妈去拜见亲戚朋友的吧？拜年是中国民间的传统习俗，每逢春节，通过拜年这一特殊交际方式，既表达相互间的祝贺与祝福，又有利于增进友谊和联络感情。据明朝陆容《菽园杂记》记载，拜年习俗最早行于明朝京都。朝官往来，不管认识与否都要互拜，百姓则各拜亲友。自明清开始，拜年次序是：首拜天地神祇，次拜祖先真影，再拜高堂尊长，最后全家按次序互拜。对尊长要行大礼，对孩童要给赏赐，平辈间拱手致语。拜亲朋的次序是：初一拜本家；初二、初三拜母舅、姑丈、岳父等，直至十六日。今日中国民间，拜年已成为一种传统习俗，至亲好友和同事们，走家串户，登门拜年，互致问候。

春节食俗

同学们，春节的时候你们一定吃很多好吃的吧？那你对春节的食俗了解吗？

新年饮食都要取吉利的用语。北方人家过年的年饭，是用金银米（黄白米）做的，饭上用枣、栗、龙眼、香枝点缀，插上松柏枝。北方人过年吃饺子，饺子中有的放糖，寓意是吃了日子甜美；有的放花生（又称“长生果”），寓意是吃了人可长寿；有一只饺子中放一枚硬币，寓意是谁吃到了就“财运亨通”。饺子形似元宝，新年里面条和饺子同煮，叫作“金丝穿元宝”。江南人家新年泡茶敬客，茶盘里或碗盖上放两只橄榄，称为“元宝茶”。新年吃饭，必有炒青菜，说吃了“亲亲热热”；必吃豆芽菜，因黄豆芽形似“如意”；每餐必食鱼头，但不能吃光，叫作“吃剩有鱼（余）”。南北方新年均必吃年糕，以祝愿生活“年年高”。苏州的桂花糖年糕、宁波的水磨年糕、北京的红枣年糕与百果年糕，均为新年糕点的佳品。

我来考考你

1. 传说 ______ 是玉皇大帝封的负责管理各家灶火的“九天东厨司命灶王府君”。
   A. 灶王爷　　B. 财神爷　　C. 土地爷　　D. 山神
2. ______ 也叫“门对”“春贴”“对联”“对子”，它以工整、对偶、简洁、精巧的文字描绘时代背景，抒发美好愿望，是我国特有的文学形式。

团团圆圆——元宵节

同学们，你们一定知道，每年农历正月十五，春节刚过，迎来的中国第一个传统节日，就是元宵节。正月是农历的元月，古人称夜为“宵”，所以称正月十五为“元宵节”，元宵节又称为“上元节”。这一天，人们一般都要出门赏月、燃灯放焰、喜猜灯谜，欢庆佳节，其乐融融。

吃元宵

同学们，元宵节你们一定都吃过元宵吧？那你知道元宵的历史吗？关于元宵节吃元宵的最早记载见于宋代。当时称元宵为“浮圆子”，后来又叫“汤团”或“汤圆”，这些名称与“团圆”字音相近，取“团圆”之意，象征全家人团团圆圆、和睦幸福。人们也以此怀念离别的亲人，寄托对未来生活的美好愿望。从《平园续稿》《岁时广记》《大明一统赋》等史料的记载看，元宵作为欢度元宵节的食品是从宋朝开始的。因元宵节必食“圆子”，所以人们使用“元宵”命名之。

夜赏花灯

元宵燃灯的风俗起自汉朝，到了唐代，赏灯活动更加兴盛，皇宫里、街道上处处挂灯，还要建立高大的灯轮、灯楼和灯树。宋代更重视元宵节，赏灯活动更加热闹，赏灯活动要进行5天，灯的样式也更丰富。明代自初八点灯，一直到正月十七的夜里才落灯，要连续赏灯整整10天，这是中国最长的灯节了。清代赏灯活动虽然日期缩短为5天（一直延续到今天），但是赏灯活动规模很大，盛况空前，除燃灯之外，还放烟花助兴。灯在台湾民间具有光明与添丁的涵义，点燃灯火有照亮前程之意，且“灯”与“丁”谐音，代表生男孩，因此往昔元宵节妇女都会刻意在灯下游走，希望“钻灯脚生卵葩”，就是钻到灯下游走，好生男孩。

江城子·密州出猎

（宋）苏轼

老夫聊发少年狂，左牵黄，右擎苍。锦帽貂裘，千骑卷平冈。为报倾城随太守，亲射虎，看孙郎。　酒酣胸胆尚开张，鬓微霜，又何妨！持节云中，何日遣冯唐？会挽雕弓如满月，西北望，射天狼。

赏灯诗　对灯联

元宵张灯是我国人民的传统习俗。古往今来，不仅有大量脍炙人口的元宵咏灯诗，而且也留下了无数情趣盎然的元宵吟灯联。北宋时，有个叫贾似道的人镇守淮阴（今江苏淮安）时，有一年上元灯节张灯，门客中有人摘唐诗诗句“天下三分明月夜，扬州十里小红楼”作门灯联。据说，此联为我国最早的灯联。此后历代都有人争相效仿，在大门或显眼的柱子上镶挂壁灯联、门灯联，不仅为元宵佳节增添了节日情趣，也为赏灯的人们增加了欣赏的内容。

A：Take it easy. It is still early.
B：Your watch is slow. Let's hurry up.
A：别着急，还早。
B：你的表慢，我们得赶紧。

对于对灯联，最为人们津津乐道的恐怕是北宋王安石妙联为媒

的故事了。王安石20岁时赴京赶考，元宵节路过某地，边走边赏灯，见一大户人家高悬走马灯，灯下悬一上联，征对招亲。联曰：“走马灯，灯走马，灯熄马停步。”王安石见了，一时对答不出，便默记心中。到了京城，主考官以随风飘动的飞虎旗出对曰：“飞虎旗，旗飞虎，旗卷虎藏身。”王安石即以招亲联应对，被取为进士。归乡路过那户人家，闻知招亲联仍无人对出，便以主考官的出联回对，被招为快婿。一副巧合对联，竟成就了王安石两大喜事。

喜猜灯谜

猜灯谜，又叫“打灯谜”，是我国独有的富有民族风格的一种文娱形式，是从古代就开始流传的元宵节特色活动。每逢农历正月十五，各家各户都要挂起彩灯，燃放焰火，后来有好事者把谜语写在纸条上，贴在五光十色的彩灯上供人猜。因为谜语能启迪智慧又迎合节日气氛，所以响应的人众多，而后猜谜逐渐成为元宵节不可缺少的节目。

灯谜最早是由谜语发展而来的，起源于春秋战国时期。它是一种富有讥谏、规诫、诙谐、笑谑的文艺游戏。谜语悬之于灯，供人猜射，开始于南宋。猜谜和制谜是一种启迪智慧、增长知识、开阔眼界和丰富文化生活的文艺活动。灯谜的特点也是融趣味性和知识性于一身，所以长期以来为人所喜闻乐见，不单在中国境内盛行，远至美国的唐人街或近在东南亚各地，每逢新年、元宵节或中秋节多有举办灯谜会的，颇受人们喜爱。

舞龙舞狮

舞龙也叫“耍龙灯”“龙灯舞”，从春节到元宵灯节，许多地方都有舞龙的习俗。龙在中华民族文化中代表了吉祥、尊贵、勇猛，更是权力的象征。人们在喜庆日子里用舞龙来祈祷龙的保佑，以求得风调雨顺、五谷丰登。舞龙的主要道具龙用草、竹、布等扎制而成，龙的节数以单数为吉利，多见九节龙、十一节龙、十三节龙，多者可达二十九节。十五节以上的龙比较笨重，不宜舞动，主要用于观赏，这种龙特别讲究装潢，具有很高的工艺价值。还有一种“火龙”，用竹篾编成圆筒，形成笼子，糊上透明、漂亮的龙衣，内燃蜡烛或油灯，夜间表演十分壮观。时至今日，舞龙经过不断发展和改进，成为一种极具观赏性的竞赛运动。

狮子外形威武、动作刚劲、神态多变，民间有许多关于狮子的传说，为舞狮增添了不少神秘色彩，亦令其更加深入民心。人们相

信狮子是祥瑞之兽，舞狮能够带来好运，所以每逢春节或其他一些庆典活动，都会在阵阵锣鼓鞭炮声中，舞狮助庆，祈求吉利。一件花团锦簇的艺术品，加入了喜、怒、哀、乐、动、静、惊、疑各种神态，舞动起来，就变成一头活生生的狮子，几个大狮子欢腾跳跃，闪转腾挪，为节日平添了许多喜庆和热闹。

踩高跷

踩高跷俗称“缚柴脚”，亦称“高跷”“踏高跷”“扎高脚”“走高腿”，是节日时人们在广场或田野表演的一种舞蹈形式，舞蹈者脚上绑着长木跷，技艺性强，形式活泼多样，由于演员踩跷比一般人高，便于远近观赏，而且流动方便，无异于活动的舞台，因此深受群众喜爱。

关于高跷的起源，学者们多认为与原始氏族的图腾崇拜、与沿海渔民的捕鱼生活有关。高跷春秋时代已有，汉魏六朝时期称为“跷技”，宋代叫“踏桥”。清代以后称为“高跷”，用1～3尺长的条木制成，上有木托。表演的人将双脚分别绑在木棍上，化装成各种人物，一人或多人来往逗舞，由唢呐伴奏，表演有趣的动作或故事。北京称为“高跷会”。黄河流域则称“扎高脚”，有文跷、武跷之分。文跷主要表演走唱，有简单的舞蹈动作。武跷则表演倒立、跳高桌、叠罗汉、劈叉等动作。

肚皮笑笑破

汤圆说：“我不开口就是为了让你永远在我心中。”

水说：“我时时刻刻流淌不息就是为了永远把你拥抱。”

锅说：“都快熟了，还这么贫呢！”

我来考考你

1. 元宵在宋朝时被称为“______”，后来又叫“______”或“______”。
2. ______俗称“缚柴脚”，是节日时人们在广场或田野表演的一种舞蹈形式。

祭扫祖陵的日子——清明节

清明节，又叫“踏青节”，按阳历，它是在每年的4月4日至6日之间，正是春光明媚、草木吐绿的时节，也正是人们春游（古代叫“踏青”）的好时候，所以古人有清明踏青并开展一系列体育活动的习俗。

清明起源

清明节是我国传统节日，也是最重要的祭祀节日，是祭祖和扫墓的日子。扫墓俗称“上坟”，是祭祀死者的一种活动。汉族和一些少数民族大都是在清明节扫墓。直到今天，清明节祭拜祖先、悼念已逝的亲人的习俗仍很盛行。清明节大约始于周代，至今已有2500多年的历史。据传始于古代帝王将相“墓祭”之礼，后来民间亦相仿效，于此日祭祖扫墓，历代沿袭而成为中华民族一种固定的风俗。清明节在古代不如前一日的寒食节重要，清明节按公历说，在4月5日前后，按农历，则是在三月上半月。古人把一年分为二十四节气，以这种岁时历法来播种、收成，清明便是二十四节气之一，时在春分后十五天，按《岁时百问》的说法：“万物生长此时，皆清洁而明净。故谓之清明。”所以，“清明”本为节气名，后来因为清明及寒食节的日期接近，民间渐渐将两者的习俗融合，到了隋唐年间，清明节和寒食节便渐渐融合为同一个节日，成为扫墓祭祖的日子，即今天的清明节。

扫墓祭祖

清明扫墓，谓之对祖先的“思时之敬”。其习俗由来已久。扫墓在秦以前就有了，但不一定是在清明之际，清明扫墓则是秦以后的事。唐代，寒食扫墓得到皇家首肯。宋代后扫墓移到清明，寒食反而被遗忘了，并相传至今。古时，扫墓的主要活动是给亲人或纪念人物的坟前除草、添土，修整好坟头。在修好坟墓后，便陈设鸡、鱼、肉、糕饼点心、酒、水果等供品于坟前，点燃香烛，祭罢烧纸钱，或把纸钱压在坟头，再酹酒祭奠。旧时，北京人多在清明扫墓，但祭扫仪式并不在清明的当天，而是在临近清明的“单

浣溪沙

（宋）苏轼

山下兰芽短浸溪，松间沙路净无泥。萧萧暮雨子规啼。　谁道人生无再少，门前流水尚能西！休将白发唱黄鸡。

日”举行。据说，只有僧人才在清明当天祭扫坟茔。祭扫时本应亲自到茔地去举行仪式，但由于各家条件不一样，所以祭扫的方式也就有所区别。如今旧的习俗已多加革新，扫墓也有只用鲜花束、花圈的。并且，由扫个人亲人之墓，发展到祭扫革命先烈之墓，祭扫中华民族的先祖之墓。

踏青郊游

踏青娱乐，是清明节出城郊游的一种风习。清明节至，春暖花开，最适于郊游，这是踏青习俗形成的客观原因，清明又是去郊外扫墓的日子，因此形成扫墓兼踏青的节俗。清明踏青，最早的源头应是古之游春习俗。后来的清明踏青，应该说是发源于上古而又继承古上巳节（三月三）祓（fú）禊（xì）遗风的结果。唐代时，踏青成为一种习俗并被承袭了下来。宋代踏青风俗较之唐代更为盛行。提到踏青，人们自然会想到唐崔护清明日游城南庄之事。崔护清明游春到城南，因口渴而得村女之杯水。第二年清明，崔护又来城南庄，可那女子却因思念崔护而死，于是崔护写了《题都城南庄》诗：“去年今日此门中，人面桃花相映红。人面不知何处去，桃花依旧笑春风。”

A：Turn the TV down a little. It is too loud.
B：All right. Is it OK？
A：把电视声音调小点。太吵了。
B：好的。好了吗？

插柳 戴柳

插柳的风俗，据说也是为了纪念“教民稼（jià）穑（sè）”的农事祖师神农氏的。有的地方，人们把柳枝插在屋檐下，以预报天气，古谚有“柳条青，雨蒙蒙；柳条干，晴了天”的说法。黄巢起义时，以“清明为期，戴柳为号”。起义失败后，戴柳的习俗渐被淘汰，只有插柳盛行不衰。

清明插柳、戴柳还有一种说法：原来中国人以清明、七月半和十月朔为三大鬼节，是百鬼出没讨索之时。人们为防止鬼的侵扰迫害，而插柳、戴柳。柳在人们的心目中有辟邪的功用。受佛教的影响，人们认为柳可以却鬼，而称之为“鬼怖木”，观世音以柳枝沾水济度众生。北魏贾思勰《齐民要术》里说：“取柳枝着户上，百鬼不入家。”清明既是鬼节，值此柳条发芽时节，人们自然纷纷插柳、戴柳以避邪了。

蹴鞠 斗鸡 拔河

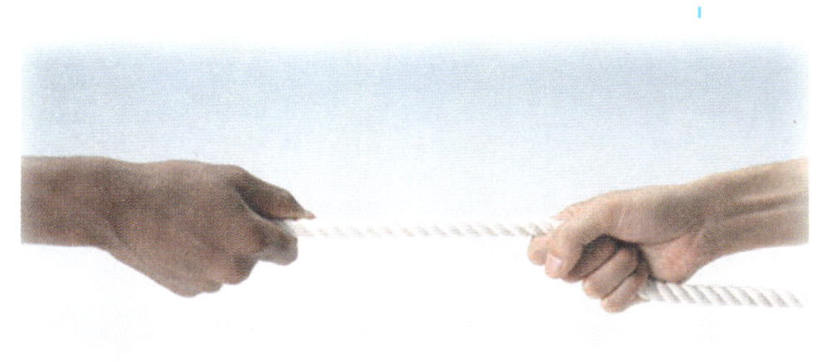

清明节的娱乐活动也有很多，如蹴(cù)鞠(jū)、斗鸡、拔河等。蹴鞠自汉代就有，唐代更加盛行，并有很大的改进。唐代的蹴鞠由汉代的充毛改为充气，用动物的膀胱作为内胆，增加了球体的弹性。踢球的花样也增加了许多，上至达官贵人，下至庶民百姓，不论男女老少，皆好此事，足见当时盛行的程度。拔河、斗鸡的习俗起源都很早，在唐宋年间十分盛行并且沿袭了下来。李白有诗云："羞逐长安社中儿，赤鸡白狗赌梨栗。"这是对当时斗鸡活动盛行情况的描述。可惜这个习俗在后来的演变过程中被注入了赌博的性质，到现在已不多见了。只有拔河作为一项体育活动被保留了下来，至今仍为很多人所喜爱。

小学语文考卷上有一道阅读题，大意是讲一位母亲为了孩子吃尽了苦、最后去世的事。阅读后，要求学生在一年后的清明节对母亲说几句心里话。某小学生这样写道："祝妈妈清明节快乐，福如东海，寿比南山！"

清明食俗

同学们，清明节的时候，你们一般吃什么呢？你了解各地的风俗吗？清明节的饮食，各地有不同的节令食品。由于寒食节与清明节合二为一的关系，一些地方还保留着清明节吃冷食的习惯。在山东，即墨吃鸡蛋和冷饽(bō)饽，莱阳、招远、长岛吃鸡蛋和冷高粱米饭。泰安吃冷煎饼卷生苦菜，据说吃了眼睛明亮。晋南人过清明时，习惯用白面蒸大馍，中间夹有核桃、枣儿、豆子，外面盘成龙形，龙身中间扎一个鸡蛋，名为"子福"。要蒸一个很大的总"子福"，象征全家团圆幸福。上海清明节时有吃青团的风俗，有的人家清明节也爱吃桃花粥，在扫墓和家宴上爱用刀鱼。在浙江湖州，清明节家家裹粽子。俗话说："清明螺，赛只鹅。"农家有清明吃螺蛳的习惯。清明节这天，还要办社酒。同一宗祠的人家在一起聚餐。没有宗祠的人家，一般同一高祖下各房子孙们在一起聚餐。浙江桐乡河山镇有"清明大似年"的说法，清明夜重视全家团圆吃晚餐，饭桌上少不了这样几个传统菜：炒螺蛳、糯米嵌藕、发芽豆、马兰头等。

我来考考你

1. ______，又叫“踏青节”，是我国传统节日中最重要的祭祀节日，是祭祖和扫墓的日子。
2. 清明节有 ______ 的风俗，这是为了纪念“教民稼穑”的农事祖师神农氏。

伟大的纪念——端午节

同学们，一提起端午节，你是不是就会想到吃粽子呢？那你知道端午节是怎么来的吗？你知道端午节除了吃粽子还有其他的活动吗？下面就让我带你一起走进端午节的历史。

端午节起源

端午节是古老的传统节日，始于中国的春秋战国时期，至今已有两千多年的历史。农历五月初五，俗称“端午节”。“端”是开端、初的意思。初五可以称为“端五”。农历以地支纪月，正月建寅，二月为卯，顺次至五月为午，因此称五月为午月，“五”与“午”通，“五”又为阳数，故端午又名“端五”“重五”“端阳”“中天”等。从史籍上看，“端午”二字最早出现在晋人周处的《风土记》中：“仲夏端午，烹鹜（wù）角黍。”唐代时，由于唐玄宗八月初五出生，宰相宋璟为了避讳“五”字，将“端五”改成了“端午”。

诗词贝贝乐

醉花阴

（宋）李清照

薄雾浓云愁永昼，瑞脑销金兽。
佳节又重阳，玉枕纱厨，半夜凉初透。
东篱把酒黄昏后，有暗香盈袖。
莫道不销魂，帘卷西风，人比黄花瘦。

据说，端午节吃粽子和赛龙舟，是为了纪念屈原，所以1949年之后曾把端午节定名为“诗人节”，以纪念屈原。至于挂菖蒲、艾叶，薰苍术（zhú）、白芷，喝雄黄酒，则据说是为了压邪。关于

洋话天天说

A：What is your favourite programme on TV？
B：Films and cartoons.
A：你喜欢哪些电视节目？
B：电影和卡通。

端午节的来历，说法很多，有“纪念屈原说”“纪念伍子胥说”“纪念曹娥说”“起于三代夏至节说”“恶日禁忌说”“图腾说”，等等。迄今为止，影响最广的是“纪念屈原说”。

龙舟竞渡

赛龙舟，是端午节的主要习俗。相传起源于古时楚国人因舍不得贤臣屈原投江死去，许多人划船追赶拯救。他们争先恐后，追至洞庭湖时不见踪迹。之后每年农历五月初五划龙舟以纪念之。

其实，“龙舟竞渡”早在战国时代就有了。在急鼓声中划刻成龙形的独木舟，进行竞渡游戏，以娱神与乐人，是祭仪中半宗教性、半娱乐性的节目。后来，赛龙舟除纪念屈原之外，在各地人们还赋予了其不同的寓意。浙江地区划龙舟，兼有纪念当地出生的近代女民主革命家秋瑾的意义。夜龙船上，张灯结彩，来往穿梭，水上水下，情景动人，别具情趣。

端午粽子

端午节吃粽子，这是中国人的又一传统习俗。粽子又叫“角黍”“筒粽”。其由来已久，花样繁多。据记载，早在春秋时期，用菰（gū）叶（茭白叶）包黍米成牛角状，称“角黍”；用竹筒装米密封烤熟，称“筒粽”。东汉末年，以草木灰水浸泡黍米，因水中含碱，用菰叶包黍米成四角形，煮熟，称为“广东碱水粽”。晋代，粽子被正式定为端午节食品。这时，包粽子的原料除糯米外，还添加中药益智仁，煮熟的粽子称“益智粽”。南北朝时期，出现“杂粽”，米中掺杂禽兽肉、板栗、红枣、赤豆等，品种增多。粽子还被用作交往的礼品。到了唐代，粽子的用米，已“白莹如玉”，其形状出现锥形、菱形。宋朝时，已有“蜜饯粽”，即果品入粽。元、明时期，粽子的包裹料已从菰叶变革为箬（ruò）叶，后来又出现用芦苇叶包的粽子，附加料已出现豆沙、猪肉、松子仁、枣子、胡桃等，品种更加丰富多彩。

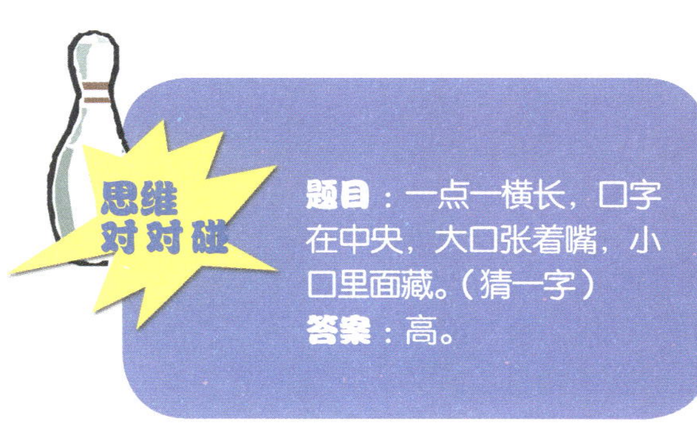

思维对对碰

题目：一点一横长，口字在中央，大口张着嘴，小口里面藏。（猜一字）

答案：高。

艾叶和菖蒲

民谚说：“清明插柳，端午插艾。”在端午节，人们把插艾和菖蒲作为重要内容之一。家家都洒扫庭除，以菖蒲、艾条插于门楣，悬于堂中。并用菖蒲、艾叶、榴花、蒜头、龙船花，制成人形或虎形，称为“艾人”“艾虎”；制成花环、佩饰，美丽芬芳，妇人争相佩戴，用以驱瘴。艾又名“家艾”“艾蒿”。它的茎、叶都含有挥发性芳香油。它所产生的奇特芳香，可驱蚊蝇、虫蚁，净化空气。将艾叶加工成“艾绒”，是灸法治病的重要药材。菖蒲是多年生水生草本植物，它狭长的叶片也含有挥发性芳香油，是提神通窍、健骨消滞、杀虫灭菌的药物。可见，古人插艾和菖蒲是有一定防病作用的。端午节也是自古相传的“卫生节”，人们在这一天洒扫庭院，挂艾枝，悬菖蒲，洒雄黄水，饮雄黄酒，激浊除腐，杀菌防病。这些活动也反映了中华民族的优良传统。端午节上山采药，则是我国各个民族共同的习俗。

肚皮笑笑破

米饭和包子打群架，米饭仗着人多势众，见了包子形状的就打，豆沙包、糖包、蒸饺无一幸免。粽子被逼到墙角，情急之下把衣服一撕，大叫道：看清楚，我是卧底！

我来考考你

1. 同学们，你们知道我国的端午节是为了纪念哪位著名的爱国诗人而形成的节日吗？
2. 端午节人们一般都要吃 ______，有的地方人们还要 ______。

妇女的节日——七夕节

同学们，你们知道中国传统的情人节是哪一天吗？它就是农历七月初七的七夕节。这一天在民间有一个美丽的传说。

七夕起源

七夕乞巧起源于汉代，在唐宋诗词中，乞巧也被屡屡提及，据《开元天宝遗事》载：唐太宗与妃子每逢七夕在清宫夜宴，宫女们各自乞巧。这一习俗在民间也经久不衰，代代延续。宋元之际，七夕乞巧相当隆重，京城中还设有专卖乞巧物品的市场，世人称为“乞巧市”。人们从七月初一就开始置办乞巧物品，乞巧市上车水马龙，人流如潮，到了临近七夕的时日，乞巧市上简直成了人的海洋，车马难行，观其风情，似乎不亚于最盛大的节日——春节，说明乞巧节是古人最为喜欢的节日之一。

千百年来，牛郎织女的故事家喻户晓。每年到了七夕的晚上，大家就会出门去看牛郎织女鹊桥相会，乞求上天让自己能像织女那样心灵手巧，祈祷自己能有如意称心的美满婚姻，由此形成了七夕节。

游山西村

（宋）陆游

莫笑农家腊酒浑，丰年留客足鸡豚。
山重水复疑无路，柳暗花明又一村。
箫鼓追随春社近，衣冠简朴古风存。
从今若许闲乘月，拄杖无时夜叩门。

牛郎织女

七夕节的来历与牛郎织女的传说有着密切的联系。在民间传说中，织女为天帝之孙女、王母娘娘之外孙女，织布之暇，常浴于银河。牛郎则为人间一孤儿，备受兄嫂虐待，分家时仅分得一老牛。时天地相去不远，银河与凡间通连。牛郎遵老牛之嘱，去银河窃得织女天衣，织女不能去，遂结为夫妻。经数年，得一儿一女，男耕女织，幸福和美。不料天帝查知此事，怒遣天神捉逮，王母恐天神疏虞，亦亲往。织女被捉，号哭与夫及子女痛别。时老牛垂死，嘱牛郎剥其皮，衣之登天。牛郎如其言，担子女追去，且及，王母拔簪划空，顿成滚滚天河。牛郎织女隔河相望，只有悲泣。后终感动天帝，许其每年七夕鹊桥相会。七夕这一民间节日就源于这个神话传说。

A：Is this your bag？
B：Yes, it is.
A：这是你的包吗？
B：是的。

题目：王大娘和白大娘，挨肩坐在石头上。（猜一字）
答案：碧。

穿针乞巧

同学们，你们想有一双巧手吗？那就在七夕的时候参加“乞巧”活动吧！乞巧是七夕节最普遍的习俗。所谓乞巧，就是向织女乞求一双巧手的意思。穿针乞巧，这是最早的乞巧习俗，始于汉代，唐宋最盛。

大年三十，芳芳的爸爸挂年画。他挂好第一张后，便叫芳芳从后面看他挂的第二张是否与第一张平齐。为讨吉利，他叮嘱芳芳说：“我要是挂高了，你就说发财，我要是挂低了，你就说健康。”当他把画挂好后，芳芳左看右看都一样齐，于是报告说：“爸，不发财，也不健康。”

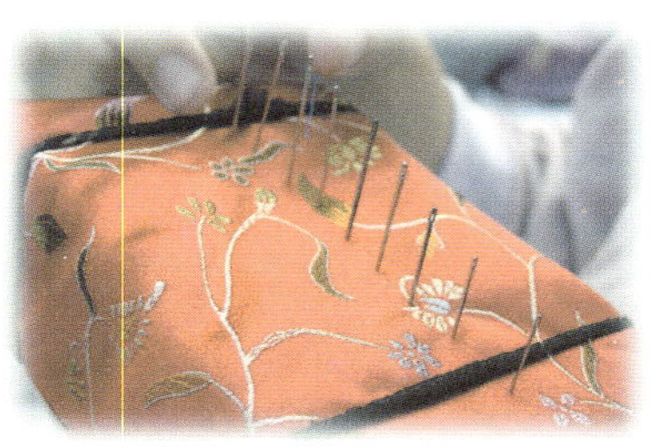

穿针乞巧也是最普遍的乞巧方式。女孩对月穿针，祈求织女能赐以巧技，或者捕蜘蛛一只，放在盒中，第二天开盒如已结网就叫“得巧”。除穿针引线验巧之外，人们还做些小物品赛巧，摆上些瓜果乞巧。各个地区的乞巧方式不尽相同，各有趣味。

有些地方乞巧节的活动，带有竞赛的性质，类似古代斗巧的风俗。除了穿针引线，还有蒸巧饽饽、烙巧果子，用面塑、剪纸、彩绣等形式做成装饰品等，这都是斗巧风俗的演变。穿针赛巧时，每人手执彩线将线穿过针孔，一口气能穿七枚针孔者被称为“巧手”，穿不到七个针孔的叫“输巧”。七夕之后，大家将所制作的小工艺品、玩具互相赠送，以示友情。七夕乞巧难道不是一个既轻松活泼、又有意思的活动吗？

我来考考你

1．七夕乞巧，这个节日起源于______。
A．汉代　　B．唐代　　C．宋代　　D．明代

2．七夕节的来历与哪一个民间传说有着密切的联系？

久别相聚话离情——中秋节

同学们读过李白著名的诗句“举头望明月，低头思故乡”吧？想必大家也一定知道我国关于月亮的传统节日——中秋节。中秋佳节在我国有着悠久的历史，也是我国仅次

于春节的第二大传统节日。中秋节有很多习俗，形式各不相同，却都寄托着人们对生活无限的热爱和对美好生活的向往。

中秋起源

同学们，你们知道中秋节是怎么来的吗？中秋节源于我国古代秋祀、拜月之俗。古代帝王有春天祭日、秋天祭月的礼制，两汉时已具雏形。唐朝初年，中秋节成为固定的节日，并于宋朝开始盛行，至明清时，已与元旦齐名，成为我国的主要节日之一。

过零丁洋

（宋）文天祥

辛苦遭逢起一经，干戈寥落四周星。
山河破碎风飘絮，身世浮沉雨打萍。
惶恐滩头说惶恐，零丁洋里叹零丁。
人生自古谁无死，留取丹心照汗青。

中秋节还有很多不同的称谓呢！在中国的农历里，一年分为四季，每季又分为孟、仲、季三个部分，农历八月十五是一年秋季的中期，因而中秋也称“仲秋”。八月十五的月亮比其他几个月的满月更圆、更明亮，所以也叫“月夕”。中秋还称“团圆节”，人们夜晚仰望天空如玉如盘的朗朗明月，自然会期盼家人团聚；远在他乡的游子，也借此寄托自己对故乡和亲人的思念之情。

每当节日临近，亲朋好友以月饼相赠，取团圆之意。有些地方还有烧斗香、树中秋、点塔灯、放天灯、走月亮、舞火龙等特殊风俗。中秋月圆之夜，人们品尝着香甜的月饼和桂花酒，一起拜月、赏月，说出自己美好的心愿，庆贺美好的生活，并遥祝远方的亲人健康快乐，和家人“千里共婵娟”！

嫦娥奔月

关于月亮还有好多美妙的传说呢，同学们一定想知道吧！“嫦娥奔月”就是流传最广、最具浪漫色彩的神话故事。

A：How old are you？
B：I am ten (years old) .
A：你几岁了？
B：我十岁了。

嫦娥是神箭手后羿的妻子，美貌非凡。相传，远古时候天上有十个太阳同时出现，晒得庄稼枯死、民不聊生，后羿登上昆仑山，一连射下了九个太阳，并严令最后一个太阳按时起落、为民造福。立了大功的后羿从王母娘娘处求来长生药，结果，嫦娥趁他不在家的时候，偷偷吃了这颗灵药而成仙，不由自主飘飘然地飞往月宫之中。后羿悲痛欲绝，仰望着夜空呼唤妻子的名字，他惊奇地发现，此时的月亮格外皎洁明亮，而且有个晃动的身影酷似嫦娥。

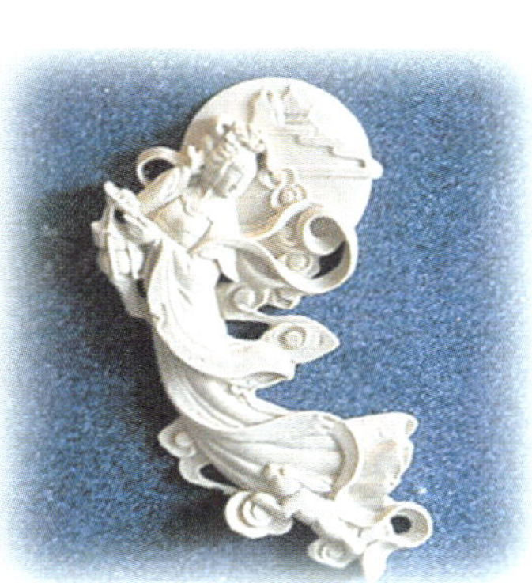

百姓们闻知嫦娥奔月成仙的消息后，纷纷在月下摆设香案，向月神祈求吉祥平安。

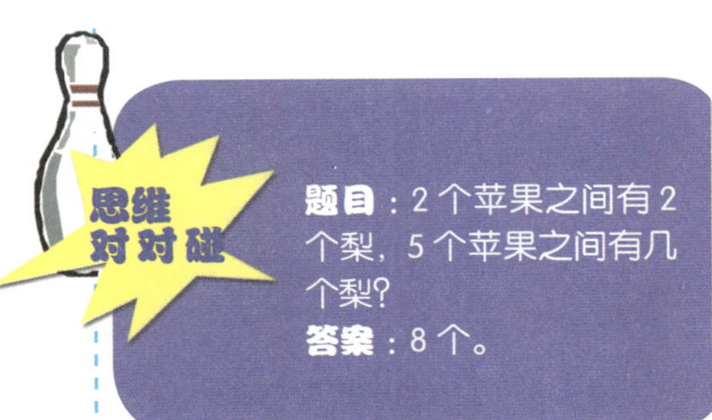

思维对对碰

题目：2个苹果之间有2个梨，5个苹果之间有几个梨？

答案：8个。

吴刚伐桂

同学们，关于中秋节还有一个美丽的传说：月亮上的广寒宫前有棵生长繁茂的桂树，高五百多丈，有一个人在树下不停地砍伐它，但是每次砍下去之后，被砍的地方又立即复原了，几千年来，这棵桂树永远也不能被砍倒。李白诗中就有“欲斫月中桂，持为寒者薪”的描写。

相传，这个砍树的人名叫吴刚，是汉朝人，他随仙人修道到了天界，后来因犯错误，遭天帝惩罚，去月宫砍伐桂树，其树随砍随合，吴刚就日日做着这种徒劳无功的苦差使。日复一日，年复一年，吴刚始终砍不倒这棵桂树，因而后世的人得以见到吴刚在月亮中无休无止砍伐月桂的形象。

祭月拜月

同学们知道什么是“夕月”吗？《礼记》中就有“天子春朝日，秋夕月”的记载，这里的“夕月”就是祭拜月亮的意思。

相传，月宫嫦娥以美貌著称，古代齐国丑女无盐，幼年时虔诚拜月，长大后因品德超群被选入宫中。某年八月十五赏月，天子在月光下见到她，觉得她美丽出众，就立她为皇后。“中秋拜月”由此而来。古时候，每逢中秋夜，家家都要举行迎寒和祭月。设好大香案，摆上月饼、西瓜、苹果、红枣、李子、葡萄等祭品。其中月饼和西瓜是绝对不能少的，西瓜要切成莲花状。然后将月神像放在月亮的那个方向，红烛高燃，全家人依次拜祭，最后由当家主妇切开团圆月饼。切月饼时要预先算好全家共有多少人，在家的、在外地的都要算在一起，不能切多也不能切少，大小也要一样。

肚皮笑笑破

小鱼缠着妈妈让他买肉馅的月饼。鱼妈妈不耐烦地说：“吃什么吃，你姐姐的教训还不大吗？非要吃蚯蚓馅的月饼，结果怎么样？被渔夫钓上去了吧！”

拜兔儿爷

同学们见过泥塑的兔儿爷吗？以前每到中秋节，人们总要往家里请来兔儿爷，放在案上祭拜。兔儿爷是祭月的供品，也是中秋应节应令的传统儿童玩具。民间艺人按照月宫里有嫦娥、玉兔的说法，把玉兔艺术化、人格化，用泥巴塑造出左手托臼、右手执杵作捣药状的兔儿爷。它们都是粉白的面孔，头戴金盔，身披金甲，背插令旗或伞盖。有的骑着狮、象等猛兽，有的骑着孔雀、仙鹤等飞禽。还有一种肘关节和下颌能活动的兔儿爷，俗称“吧嗒嘴”，更讨人喜欢。

祭拜兔儿爷还有一段传说：玉兔是在月宫捣药的仙兔，有一年，北京城里忽然起了瘟疫，几乎家家都有人患病。嫦娥见此情景就派玉兔下凡为百姓治病。玉兔变成一个美丽少女，挨家挨户治好了很多人。人们为了感谢她，纷纷送东西给她。可玉兔什么也不要，只是向别人借衣服，每到一处就换一身装扮。为了能给更多的人治病，玉兔还骑上马、鹿、狮子、老虎，走遍了京城内外，最终清除了瘟疫。于是，人们用泥塑造了玉兔的形象，有骑鹿的、乘凤的，有披挂着铠甲的，也有身着各种衣服的，千姿百态，非常可爱。每到农历八月十五那一天，家家都要供奉她，给她摆上好吃的瓜果菜豆，感谢她给人间带来的吉祥和幸福，还亲切地称她为“兔爷儿”“兔奶奶”。

中秋月饼

同学们喜欢吃圆圆的月饼吗？月饼象征着团圆，是中秋佳节必食之品。月饼最初是用来祭奉月神的供品，据说，月饼在唐代就曾出现，至宋代更盛。它是中秋佳节祭拜月亮时最主要的物品，祭供后由全家分食。由于月饼象征团圆，有些地方称为“团圆饼”。后来人们逐渐把中秋赏月与品尝月饼作为家人团圆的象征，而亲友之间馈赠月饼，同样也是象征完满、团圆之意。

后来，月饼的制作也越来越精细，馅料考究，外形美观，心灵手巧的饼师，把嫦娥奔月的神话故事作为食品艺术图案印在月饼上，如“嫦娥奔月”“银河夜月”“三潭印月”等，使月饼成为更受人民青睐的中秋佳节的必备食品。月饼发展到今日，品种更加繁多，风味因地而异。其中京式、苏式、广式、潮式等月饼广为我国南北各地的人们所喜食。古往今来，人们用月饼寄托思念故乡、思念亲人之情，把月饼当作吉祥、团圆的象征，祈盼丰收、幸福，成为天下人们的心愿。每逢中秋，皓月当空，阖家团聚，品饼赏月，谈天说地，尽享天伦之乐！

我来考考你

1. 中秋节源于我国古代 ______、______ 之俗。
2. “______”是一个流传很广、最具浪漫色彩的神话故事，也是一个与中秋节有密切联系的民间故事。
   A. 嫦娥奔月　　B. 牛郎织女　　C. 七仙女　　D. 田螺姑娘

登高祈福——重阳节

“人生易老天难老，岁岁重阳，今又重阳，战地黄花分外香。”同学们，读了这样的诗句你有没有感受到重阳时节秋高气爽的气象呢？

>> 重阳传说

别云间
（明）夏完淳

三年羁旅客，今日又南冠。
无限山河泪，谁言天地宽。
已知泉路近，欲别故乡难。
毅魄归来日，灵旗空际看。

同学们，和大多数传统节日一样，重阳节也有古老的传说。相传在东汉时期，汝河有个瘟魔，只要它一出现，家家都有人病倒，日日都有人丧命，汝南县（在河南省）的百姓受尽了瘟魔的蹂躏。后来，瘟魔夺走了年轻人桓景父母的生命，于是他决心远赴终南山拜仙师学艺，为民除害。终南山中的仙师收留了桓景，教给他降妖剑术，并且送给他一把降魔宝剑。桓景披星戴月，勤学苦练，练就了一身非凡的武艺。一天，仙师把桓景叫到跟前说：“明天是九月初九，瘟魔又要出来作恶，你本领已经学成，应该回去为民除害了。”临走时，仙师还送给桓景一包茱（zhū）萸（yú）叶、一瓶菊花酒，让他的家乡父老登高避祸。九月初九那天，桓景领着妻子儿女、乡亲父老登上了附近的一座山，把茱萸叶分给大家随身带上，使瘟魔不敢近身，又把菊花酒倒出来，每人喝了一口，避免染上瘟疫。桓景手持降妖宝剑冲下山去，几个回合就把瘟魔刺死了。汝河两岸的百姓，就把九月初九登高避祸、桓景剑刺瘟魔的故事一直传到现在，从此九月初九登高避疫的风俗就年复一年地流传了下来。

饮酒赏菊

同学们听说过晋朝大诗人陶渊明吗？据传中秋节“饮酒赏菊”的习俗还是起源于他呢！重阳节是一年的金秋时节，正是菊花盛开的时候。隐居的大诗人陶渊明，以作诗、饮酒出名，也以赏菊、爱菊出名。他的名气之大引得后人都来效仿他，遂有重阳赏菊之俗，旧时文人士大夫，还将赏菊与宴饮结合，以求和陶渊明更接近。

此后，重阳节赏菊之风盛行，民间还把农历九月称为“菊月”。每年重阳节时，菊花的花骨朵儿已长成，含苞欲放，这可是制作“重阳酒”的上好材料。而且，可能是因为重阳时节的温度和湿度比较适宜，此时酿出的酒特别香醇，是酒中之上品，甘甜纯美，男女老少皆宜。于是，在菊花傲霜怒放的重阳节里，众人相邀一起观赏菊花、饮菊花酒便成了重阳节的一项重要的活动。

A：What does your father do？
B：He is a teacher.
A：你爸爸做什么工作？
B：他是老师。

佩戴茱萸

同学们，插茱萸也是重阳节的重要习俗。古人认为在重阳节这一天插茱萸可以避难消灾，或佩戴于臂，或做香袋，把茱萸放在里面佩戴。除了佩戴茱萸，人们也有头戴菊花的，大多是妇女、儿童佩戴，也有少数男子佩戴的，唐代就已经如此，历代盛行不衰。还有些地方，重阳节的习俗是把茱萸枝叶放在门窗上，用来解除凶秽，以招吉祥。

茱萸还是古时民间经常用作防疫的药材，据说采摘茱萸的枝叶、果实，

题目：3个小朋友下棋，每人都要与其他两人各下一盘，他们一共要下几盘？
答案：3盘。

最近流行一种代号为“重阳快乐”的手机病毒，如果您不幸收到含有此类字符的短信，请马上扔掉手机，以免感染。

用红布缝成一小囊佩戴在身上，可用来去除瘟疫之气。储光羲在《登戏马台作》一诗中云："天门神武树元勋，九日茱萸飨(xiǎng)六军。"写的就是南朝的宋武帝刘裕，重阳节在戏马台宴请手下的大小官吏，把茱萸发给众人当作犒赏全军的奖品。看来，茱萸对于人们祈福避灾和实用的意义还真不小呢！

我来考考你

1. 你知道重阳节是哪一天吗？
2. 你知道重阳节这一天都有哪些习俗吗？

中国少数民族的节庆

同学们，你们知道少数民族是怎么过节的吗？少数民族的节庆丰富多彩，有的跟汉族的节日相同，有的则根据自己民族的习俗有着自己的时间和风俗习惯，别有一番风情。

藏族的新年

藏族的节庆活动很多，几乎每月都有一个节日，而且民间节日和宗教节日互相穿插。传统节日中藏历年是藏族人民一年中最为隆重的传统节日，与汉族的农历新年大致相同。藏历年是根据藏历推算出来的。藏历元月一日开始，到十五日结束，持续十五天。节日活动中洋溢着浓厚的宗教气氛，是一个娱神和娱人、庆祝和祈祷兼具的民族节日。

傣族的泼水节

傣族以每年傣历六月作为一年的起始，这时正值公历4月中旬、农历清明节前后，傣族在此期间要过泼水节。泼水节是傣族最盛大的传统节日。当日，人们清早起来便沐浴礼佛，之后便开始连续几日的庆祝活动。这期间，不管是否熟识，大家都用纯净的清水相互泼洒，祈求洗去过去一年的不顺，让新的一年重新开始。

独龙族的卡雀哇

独龙族的传统节日只有一个，称为“卡雀哇”或“德里哇”，意为“年节”，时间在农历腊月中，具体时间由各家或家族自己定，时间长短视食物准备情况而定。通常为期两天或四五天。年节期间最隆重的祭祀活动是“剽(piāo)牛祭天”。剽牛时先由年节主持者将牛拴在木桩上，然后由年轻女子在牛背上披盖麻布毯，给牛角挂珠链，摆好祭品，点燃松明和松树毛，最后由一名父母双全的青年男子，用锋利的竹矛将牛刺死，然后就地将牛肉切割，当即用大锅煮食。节日期间所有的独龙族人都要以家族为单位，互相问候，共同祝贺。

诗词贝贝乐

天净沙·秋思

（元）马致远

枯藤老树昏鸦，
小桥流水人家，
古道西风瘦马。
夕阳西下，
断肠人在天涯。

洋话天天说

A：Have you learned English？
B：Yes，a little/some.
A：你学过英语吗？
B：学过点。

蒙古族的白节

蒙古族的年节亦称“白节”，是一年之中最大的节日，相当于汉族的春节，亦称“白月”，传说与奶食的洁白有关，含有祝福吉祥如意的意思，节日的时间和春节大致相符。除夕那天，家家都要吃手抓肉，也要包饺子、烙饼，初一的早晨，晚辈要向长辈敬上“辞岁酒”。

黎族的三月三

每年的三月三这一天，具有敬老美德的黎族同胞就会带上自家腌制的山菜、酿好的米酒、做好的糕点去看望寨内有威望的老人；年轻的男子则结伙外出狩猎、打鱼，姑娘们烤鱼、煮饭。夜幕降临，小伙子们跳起了传统的黎族舞蹈，男女青年对唱山

肚皮笑笑破

在泼水节上，大家都开心疯狂地相互泼水，突然有一个人破口大骂：“哪个孙子泼我？”旁边的人责怪他：“你干吗骂人啊，人家泼你是为你祝福呢！”这个人气急败坏地说：“你知道什么？那个白痴用开水泼我！”

歌，互诉衷情。青年男女要穿戴着美丽的民族服装，到传说中的娘母洞前祭拜祖先，然后共同娱乐，相看意中人。相中后，男女双方吃一种嵌入糖心的“灯叶”糕饼。姑娘则把亲手编织的七彩腰带系在小伙子的腰间，小伙子也会把耳铃穿在姑娘的耳朵上，或把发钗插在姑娘的发髻上。

哈尼族的十月节和六月节

哈尼族传统节日主要有“年首扎勒特”“六月节”等，其传统历法把一年分为冷季、暖季和雨季三个季节，每季四个月。哈尼族每年过两次年，一个是十月节，另一个是六月节，以十月为岁首，即“大年”。

思维对对碰

题目：环形跑道上正在进行长跑比赛。每位运动员前面有 7 个人在跑，每位运动员后面也有 7 个人在跑。跑道上一共有几个运动员？

答案：15 个。

十月节是在农历十月的第一个属龙日过，历时五至六天，主祭天神和祖先。届时，家家都要杀一只红公鸡，就地煮食，不得拿入室内，全家每一个成员都得吃上一块鸡肉，准备出嫁的姑娘则不能吃。随后要做三个饭团和一些熟肉献给同族中辈分最高的老人。寨子里要举行盛大的街心宴，即每天有近百张桌子连在一起，各家各户都争相献上自己的拿手好菜，以展示自己的烹调手艺。

六月节是在六月里举行，具体日期由祭司选定，以祭天神和谷神为主要内容。届时也要杀鸡宰羊，举办酒筵盛餐。在为天神建盖秋房时，要在门口杀牛进行祭神，祭毕按人均分牛肉，共享神赐。

我来考考你

1. 泼水节是我国哪个民族的传统节日？在哪一天？
2. 三月三是我国哪个民族的传统节日？

第七章 精巧绝伦的民间工艺

中国民间工艺是世世代代锤炼和传承的文化传统，其中凝聚着民族的性格，民族的精神，民族的真、善、美，是中华民族彼此认同的标志，是祖国同胞沟通情感的纽带。同学们，这一章，我就带大家去认识一下我们国家都有哪些优秀的民间工艺。

文房四宝

同学们，你们有自己的“文房四宝”吗？中国古代把书房中使用的笔、墨、纸、砚四种文具称为“文房四宝”，这也是常用的书法工具。笔，指毛笔，是中国特有的书写用具；墨，作为书写、绘画所用的黑色颜料，是用松烟等原料制成的；纸，是中国古代四大发明之一；砚，是研墨的用具，在中国已有5000年的历史。

花样繁多的毛笔

同学们，当一提起笔的时候，你会想到有哪些笔呢？你对毛笔熟悉吗？传统的毛笔不但是古人必备的书写用具，而且在表达中华书法、绘画的特殊韵味上具有与众不同的魅力。不过由于毛笔易损，不好保存，故留传至今的古笔实属凤毛麟角。

毛笔的制造历史非常久远，早在战国时，毛笔的使用已相当发达。中国的书法和绘画，都与毛笔的使用分不开。古代毛笔的品种较多，从笔毫的原料上来分，就曾有兔毛、羊毛、马毛、鹿毛、獾毛、狸毛、貂鼠毛、鼠须、鼠尾、虎毛、狼尾、狐毛、獭毛、猩猩毛、鹅毛、鸭毛、鸡毛、雉毛、猪毛、胎发、人须、茅草等。从性能上分，则有硬毫、软毫、兼毫。从笔管的质地来分，又有水竹、鸡毛竹、斑竹、棕竹、紫檀木、鸡翅木、檀香木、

山坡羊·潼关怀古

（元）张养浩

峰峦如聚，波涛如怒，山河表里潼关路。望西都，意踌躇。伤心秦汉经行处，宫阙万间都做了土。兴，百姓苦；亡，百姓苦。

楠木、花梨木、沉香木、雕漆、绿沉漆、螺钿、象牙、犀角、牛角、麟角、玳(dài)瑁(mào)、玉、水晶、琉璃、金、银、瓷等，不少属珍贵的材料。

历史悠久的墨

同学们，你们会写毛笔字吗？当你写毛笔字时，用的墨汁一定是从商店里买来的吧？古代人写字时，一般都是自己研墨的。墨是古代人书写时所必不可缺的用品。古代在人工制墨发明之前，一般是利用天然墨或半天然墨来书写。史前的彩陶纹饰、商周的甲骨文、竹木简牍、缣(jiān)帛书画等到处留下了原始用墨的遗痕。经过这段漫长的历程，至汉代，终于出现了人工墨品。这种墨原料取自松烟，最初是用手捏合而成，后来用模制，墨质坚实。从制成烟料到最后完成出品，其中还要经过入胶、和剂、蒸杵等多道工序，并有一个模压成形的过程。墨模的雕刻就是一项重要的工序，这也是一个艺术性的创造过程。墨的造型大致有正方形、长方形、圆形、椭圆形、不规则形等。墨的外表形式多样，可分为本色墨、漆衣墨、漱金墨、漆边墨。

洋话天天说

A：What did you have for lunch？

B：We had some dishes and rice.

A：你们中午吃的什么？

B：我们吃了几道菜和米饭。

传承文明的纸

同学们，在你们学习的时候，一定离不开纸吧？纸是中国古代四大发明之一，曾经为历史上的文化传播立下了卓越功勋。即使在机制纸盛行的今天，某些传统的手工纸依然体现着它不可替代的作用，焕发着独有的光彩。古纸在留传下来的古书画中尚能一窥其貌。造纸的主要原料多为植物纤维，以竹与木为主，竹之纤维脆硬，所制之纸，吸墨性较弱，纸面较光滑，墨浮于表面，不易漫开，所以色彩鲜艳，以笺纸类为主，如澄心堂纸、泥金笺，还有今天所用的洋纸；木之纤维柔韧，制成之纸，吸墨较强，表面生涩，墨一落纸，极易漫开，书写常加浆或涂蜡，光彩不若笺纸鲜明，较为含蓄，以宣纸类为主，虽然较晚出现，但后来取代笺纸，成为最名贵的书写用纸。

思维对对碰

题目：今年红红 8 岁，姐姐 13 岁，10 年后，姐姐比红红大几岁。

答案：5 岁。

工艺精良的砚

同学们，你们见过砚台吗？砚，被古人誉为“文房四宝之首”。因为墨需加水发墨才能调用，而发墨的石刑就是砚。其中有陶砚、泥砚、砖瓦砚、金属砚、漆砚、瓷砚、石砚等之分，最常见的还是石砚。因为可以做砚的石头极多，所以产砚的地方遍布全国各地。最著名的是广东肇庆端砚、安徽歙砚、山东鲁砚、江西龙尾砚、山西澄泥砚。砚台的石料讲究质地细腻、润泽纯净、晶莹平滑、纹理色秀、易发墨而不吸水。石料有的有乳，有的有眼，有的有带，有的有星，以产于有山近水之地的为最佳。有些砚虽同出一地，其石质也有所不同，如有青花、天青之分；还有蕉叶白、鱼脑冻、冰纹金星、罗纹、眉子、红丝、燕子、紫金石、龟石等。石佳还须工精，砚台的雕工制作早已形成了一门艺术，从取石、就料到开型、出槽、磨平、雕花等都可运其匠心。

肚皮笑笑破

爷爷退休后学书法，开始执笔时手总抖，5岁的孙子见了，疑惑地问：“爷爷，写毛笔字真的那么吓人吗？”

我来考考你

1. 文房四宝是指______、______、______、______。
2. 我国的名砚都有哪些？

印刷工艺

同学们，你们知道我国古代的四大发明之一——印刷术吗？印刷是工艺技术，它是将印版上的图文转印到包括纸张和织物在内的各种承印物上的一套完整的工艺方法。印刷大致可分为四种基本类别，分别为凸版印刷、凹版印刷、平版印刷、丝网印刷。印刷术的发明，是我国古代劳动人民智慧的代表，它对人类文明的贡献是不可估量的。因此，有人把印刷术称为“文明之母”，这是再恰当不过了。

诗词贝贝乐

论诗

（清）赵翼

李杜诗篇万口传，
至今已觉不新鲜。
江山代有才人出，
各领风骚数百年。

雕版印刷

雕版印刷是最早在中国出现的印刷形式，最早的雕版印刷品是公元 868 年的《金刚经》，现存于大英博物馆。

雕版印刷的板料，一般选用纹质细密坚实的木材，如枣木、梨木等。制版和印刷的程序是：先把字写在薄而透明的绵纸上，字面朝下贴到板上，用刻刀按字形刻，刻工用不同形式的刻刀将木板上的反体字墨迹刻成凸起的阳文，同时将木板上其余空白部分剔除，使之凹陷。版面所刻出的字约凸出版面 1 ~ 2 毫米。用热水冲洗雕好的板，洗去木屑等，刻版过程就完成了。印刷时，用圆柱形平底刷蘸墨汁，均匀刷于版面上，再小心把纸覆盖在版面上，用刷子轻轻刷纸，纸上便印出文字或图画的正像。将纸从印版上揭起、阴干，印制过程就完成了。一个印工一天可印 1500 ~ 2000 张，一块印版可连印万次。但是印刷版不耐用，在印刷使用中很快就损坏了，需要不断更换，这限制了大量印刷的可能性。

洋话天天说

A：What food do you like？
Help yourself to the dishes.
B：I like fish. It is delicious.
A：你喜欢什么食物？你随意吃。
B：我喜欢鱼，它非常可口。

活字印刷

活字印刷术是由北宋平民发明家毕昇发明的，活字制版避免了雕版的不足，只要事先准备好足够的单个活字，就可随时拼版，大大地加快了制版时间。活字版印完后，可以拆版，活字可重复使用，且活字比雕版占有的空间小，容易存储和保管。

1041 ~ 1048 年，毕昇用胶泥制字，一个字为一个印，用火烧硬，使之成为陶质。排版时先预备一块铁板，铁板上放松香、蜡、纸灰等的混合物，铁板四周围着一个铁框，在铁框内摆满要印的字印，摆满就是一版。然后用火烘烤，将混合物熔化，与活字块结为一体，趁热用平板在活字上压一下，使字面平整，便可进行印刷。用这种方法进行大量印刷时，效率就很高了。

思维对对碰

题目：汽车每隔 15 分钟开出一班，哥哥想乘 9 时 10 分的一班车，但到站时，已是 9 时 20 分，那么他要等几分钟才能乘上下一班车？
答案：5 分钟。

为了进一步提高效率，常用两块铁板，一块印刷，一块排字，交替使用。从印版上拆下来的字，都放入同一字的小木格内，外面贴上按韵分类的标签，以备检索。毕昇总结了历代印刷的实践经验，经过反复试验，实行排版印刷，完成了印刷史上一项重大的革命。

印刷材料

印刷所用的材料，主要分印墨和承印物两大类，因此印墨、纸张、织物，对印刷术的发明和发展也是极其重要的。

墨是印刷的主要原材料之一。印版上的图文，通过墨，转印到承印物上，墨对于印刷术的发明，也是必不可少的。印刷所用的墨，是采用一定的工艺方法，由人工制造的人造墨，有石墨、油烟墨、松烟墨之分。中国的墨是水墨，用于书画和雕版印刷，有着良好的效果，但不适于金属版的印刷。因为墨汁不易均匀附着在金属版面上，印刷质量欠佳。

纸是印刷的承印物，是知识和信息的载体，有了纸印刷术才得以完善，并迅速推广开来。纸张的品种有白麻纸、黄麻纸、细薄白纸、竹纸、藤纸等。历史上，蔡伦对造纸术的改进，使纸进入了它的实用阶段，并迅速、广泛地推广开来，为完善印刷术和促进印刷术的发展提供了物美价廉而又易得的承印物。到了唐代，纸、墨不但产量高，而且质量好。特别是造纸技术，更是发展到了顶峰，造纸作坊官私并举，产纸地区遍布全国。

印刷工具

老师：“快要考试了，试卷已经交到印刷工人手里。你们要好好复习功课。还有什么问题要问的？”

学生：“请问那位印刷工人住在哪里？”

印刷工具和材料，是印刷的物质基础，它的发明、发展和完善，是发明印刷术的前提条件之一，对于印刷术的发明具有重要意义。

印刷主要由印前、印刷、印后加工三大工序组成。古代的印刷工具，包括刻版、印刷两部分。印刷必有印版，最早发明的雕版印刷术的印版是手工雕刻的，而在雕刻之前必须先书写字样，书写字样使用的工具就是毛笔。雕版之源是手工雕刻技术，数千年间，雕刻工具一直采用金属或合金制品，常见的雕版工具有：刻刀、半圆刃凿子、平錾（zàn）、刮刀、木槌等。而印刷工具的出现，在时间上大大晚于雕版工具。印刷在中国本名“刷印”，刷印是采用刷子或者类似于刷子的工具，在印版和承印物上进行刷拭，从而达到刷印目的，这些刷子或类似于刷子的工具，就是中国发明的印刷术的刷印工具。主要有用来将图文转印到版面上的平刷、蘸墨和在版面上刷墨的圆刷、刷印用的长刷和拓墨用的软垫等，这些刷印工具，一般多用马鬃、棕榈之类的粗纤维物质制作。

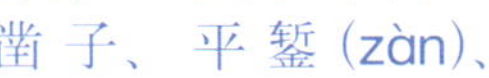

我来考考你

1. 我国最早的雕版印刷品是公元 868 年的 ______，现存于大英博物馆。
2. 活字印刷术是由北宋平民发明家 ______ 发明的。
   A. 毕昇　　B. 蔡伦　　C. 鲁班　　D. 李春

美术工艺

同学们，你们知道什么是传统工艺美术吗？所谓传统工艺，是指百年以上、历史悠久、技艺精湛、世代相传、有完整的工艺流程、采用天然原材料制作、具有鲜明的民族风格和地方特色、在国内外享有盛誉的手工艺品种和技艺。

诗词贝贝乐

己亥杂诗

（清）赵翼

浩荡离愁白日斜，吟鞭东指即天涯。
落红不是无情物，化作春泥更护花。

热闹喜庆的年画

同学们，每逢春节的时候，你是不是都能在大街上看到很多漂亮的年画？年画是我国特有的一种绘画体裁，起源于古代的门神画。年画大都用于新年时张贴，有祝福新年吉祥喜庆之意。年画画面线条单纯、色彩鲜明、气氛热烈而愉快，如春牛图、岁朝图、嘉穗图、戏婴图、合家欢、看花灯、胖娃娃等，并有以神仙传说、历史故事、戏剧人物作题材的，大多作为门画张贴之用，夹杂着“神祇（qí）护宅”的观念，体裁有四屏条和横竖的单开独幅等。

传统的民间年画大多是用木版水印制作的。旧年画因画幅大小和加工多少而有不同称谓。整张大的叫“宫尖”，一纸三开的叫“三才”。加工多而细致的叫“画宫尖”“画三才”。颜色上用金粉描画的叫“金宫尖”“金三才”。六月以前的产品叫“青版”，七八月以后的产品叫“秋

洋话天天说

A：What would you like to eat？
B：I'd like to have some ice-creams.
A：你想要吃什么？
B：我想要吃冰淇淋。

版”。旧时各地对年画的叫法也不尽相同，北京叫“画片”“卫画”，苏州叫“画张”，浙江叫“花纸”，福建叫“神符”，四川叫“斗方”……今天，各地对年画逐渐约定俗成地简称为“年画”。

红红火火的剪纸

同学们，你们家的窗户上贴过漂亮的窗花吗？窗花是一种剪纸作品，是中国最为流行的民间传统装饰艺术之一，常用于装饰和造型艺术等方面。制作剪纸常用的方法有两种：剪刀剪和刀剪。顾名思义，剪刀剪是借助于剪刀，剪完后把几张剪纸粘贴起来，最后再用锋利的剪刀对图案进行加工。刀剪则是先把纸张折成数叠，放在由灰和动物脂肪组成的松软的混合体上，然后用小刀慢慢刻画。剪纸艺人一般是竖直握刀，根据一定的模型将纸加工成所要的图案。和剪刀相比，刀剪的一个优势就是一次可以加工成多个剪纸图案。

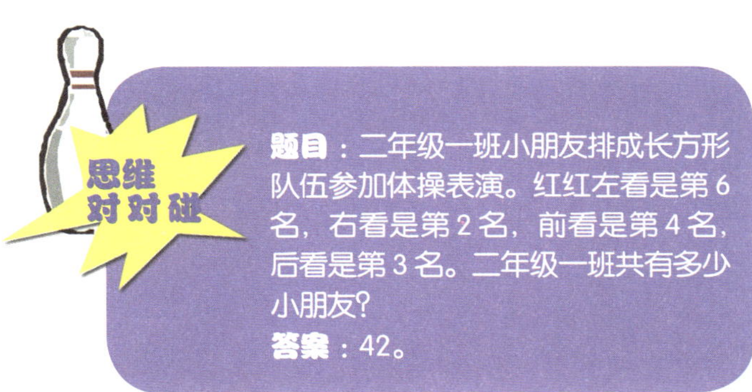

大概是因为剪纸用的材料易得、成本低廉、效果立见、适应面广而普遍受欢迎，也最适合农村妇女闲暇制作，既可作实用物，又可美化生活。全国各地都能见到剪纸，甚至形成了不同地方风格流派。现在，剪纸更多的是用于装饰。剪纸可用于点缀墙壁、门窗、房柱、镜子、灯和灯笼等，也可为礼品作点缀之用，甚至剪纸本身也可作为礼物赠送他人。人们以前还常把剪纸作绣花和喷漆艺术的模型。

精巧别致的刻纸

刻纸是中国民间传统装饰艺术，也是剪纸艺术的一种，全国各地民间都有不同风格的刻纸作品。早在汉唐时代，民间妇女即有使用金银箔和彩帛刻成花鸟贴在鬓角为饰的风尚。后来逐步发展，在节日中，用色纸刻成各种花草、动物或人物，贴在窗户或门楣上作为装饰，俗称“窗花”或“门笺”。刻纸的工具是一种特制的刻刀，制作过程分起稿、剪刻、粘贴、揭离和

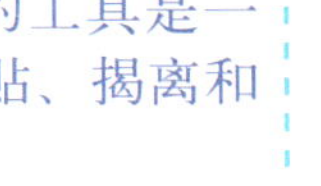

成品的调整修改。其中剪刻是重要的一环。刻纸作品要求绘画、构图图案化，形象要概括、变形、简练清晰，讲究虚实对比，线条规整流畅，色彩对比强烈、明快。由于各地区和各民族的风俗习惯不同，因而刻纸都有自己独特的风格，大致可分为简刻与繁刻两类。我国北方以粗犷豪放、造型简练著称，属于前者；南方以构图繁茂、精巧秀美闻名，则属于后者。

色彩艳丽的皮影

皮影是一种地道的工艺品，经过选料、雕刻、上色、缝缀、涂漆等几道工序做成，它采用皮革为材料，出于坚固性和透明性的考虑，又以牛皮和驴皮为佳。上色时主要使用红、黄、青、绿、黑等五种纯色的透明颜料。正是这些特殊的材质，使得皮影人物及道具在后背光照耀下投影到布幕上的影子显得瑰丽而晶莹剔透，具有独特的美感。自清中叶后，在造型上借鉴京剧，出现了生、旦、净、末、丑的脸谱，每个人物都由头、上身、下身、两腿、两上臂、两下臂和两手十一件连缀组成。

制作皮影时，先将羊皮、驴皮或其他兽皮的毛、血去净，然后经药物处理，使皮革变薄，呈半透明状，涂上桐油，然后把皮革镂刻成所需的人物形象。皮人的头、四肢、躯干等各自独立，而又用线连成一体。皮人涂有各种颜色，表达人物的善恶美丑。雕刻时，一般都用阳刻，有的也用阴刻，雕工细致，刀法多变。绘画染色也有一定的讲究，女性发饰及衣饰多以花、草、云、凤等纹样为图案，男性则多用龙、虎、水、云等纹样为图案。皮影艺术深受中国人的喜爱，很多精美的皮影还被国外博物馆收藏。

造型多变的脸谱

同学们对五花八门的戏剧脸谱感兴趣吗？我们常见的脸谱大致可以归为两大类：一类是工艺美术性脸谱，这类脸谱是作者根据自己的思维想象，在石膏材质的脸形上，用绘画、编织、刺绣等手法制作出形态各异、色彩图案变化多样的脸谱制品。另一类是舞台实用脸谱，这类脸谱是根据剧情和剧中人物的需要，演员用夸张的手法在脸上勾

一美术老师小有名气，某报曾用较大篇幅予以报道，还附有他的大幅照片。于是该老师在课上自吹：“最近老有同学和我说，老师你真行，上了报纸还登了照片……”一学生仰头问道：“是寻人启事吗？”

画出不同颜色、不同图案和纹样的脸谱。

脸谱虽然来源于舞台，但在有些大型建筑物、商品的包装、各种瓷器上以及人们穿的衣服上都能看到风格迥异的脸谱形象，这远远超出了舞台应用的范围，足见脸谱艺术在人们心目中所占据的地位。各种工艺品市场的柜台里、各种展览中都有京剧脸谱；在我们日常生活中，家庭装饰、火柴盒、钥匙链、扑克牌、模特时装以及大街的雕塑上到处都是京剧脸谱。脸谱作为我们中华民族文化的象征，已得到海内外人士的认可和欢迎！

我来考考你

1. 年画是我国特有的一种绘画体裁，起源于古代的______。
2. 人们常见的脸谱分为哪两大类？

织染刺绣

同学们，你们喜欢五颜六色、图案精美的织染艺术品吗？你们想知道它们是怎么被制作出来的吗？心灵手巧的艺人们通过各种织染刺绣工艺，将一幅幅美妙的构图真实地展现在我们的面前。让我们一起来领略一下吧！

》锦上添花——织锦

织锦是用染好颜色的彩色经纬线经提花、织造工艺织出图案的织物。中国丝织提花技术起源久远，周代丝织物中已出现织锦，花纹五色灿烂，技艺臻于成熟。自汉武帝后，中国织锦通过丝绸之路传入波斯、大秦等国。唐代贞观年间窦师伦的对雉、斗羊、翔凤等蜀锦图案，被称为“绫阳公样”。元代是中国历史上大量生产织锦的时代。明清两代织锦生产集中在江苏南京、苏州，除了官府的织锦局外，民间作坊也蓬勃兴起，形成江南织锦生产的繁荣时期。

锦瑟

（唐）李商隐

锦瑟无端五十弦，一弦一柱思华年。
庄生晓梦迷蝴蝶，望帝春心托杜鹃。
沧海月明珠有泪，蓝田日暖玉生烟。
此情可待成追忆，只是当时已惘然。

A：Can I watch TV a while?
B：No, you have to finish your homework first.
A：我能看会儿电视吗？
B：不行，你还是先完成家庭作业吧！

织锦大多采用传统提花工艺和木制花楼织机，有些织锦因品种不同而有所区别。如宋锦、土家族织锦采用通经断纬工艺，即分段调换彩色纬线，使色彩更加丰富；杭锦采用铁制提花机。织锦种类有南京云锦、四川蜀锦、苏州宋锦、杭州织锦以及少数民族的黎锦、壮锦、傣锦、瑶锦、侗锦、苗锦、土家锦、爱得利斯锦等。近年来，中国织锦在继承和发扬传统织锦的基础上，又恢复了云锦的妆花锦和蜀锦的浣花锦、锦上添花锦、八答晕锦等，为织锦艺术“锦上添花”！

五色生辉——印染

同学们，你们知道自己衣服上的颜色是怎么染上去的吗？早在六七千年前的新石器时代，我们的祖先就能够用赤铁矿粉末将麻布染成红色。商周时期，染色技术不断提高，染出的颜色也不断增加。到汉代，染色技术达到了相当高的水平。我国古代印染不仅颜色多、色泽艳丽，而且色牢度好，不易褪色。古代将青、赤、黄、白、黑称为“五色”，也是本色、原色；原色混合得到多次色，如绿、紫、粉等色，也称“间色”。染色所用的染料，大都是以天然矿物或植物染料为主。随着技术的发展，印染业除质量有所提高外，还出现了一些新的印染工艺，从简单的浸染发展到套染及媒染；在原色套染的基础上，还出现了不同染料的套染技术，使织物的颜色更加丰富。到清代，有关染色的色谱和色名，由天然色彩的纵横配合发展至数百种之多，至1834年法国的佩罗印花机发明以前，我国一直拥有世界上最发达的手工印染技术。

凝重素雅——扎染

扎染是少数民族中较常见的传统民间工艺产品，集文化、艺术为一体，其花形图案以规则的几何纹样组成，布局严谨饱满，多取材于动植物形象和历代王公贵族的服饰图案，充满生活气息。扎染分为扎花和

题目：汽车场每天上午8时发车，每隔8分钟发一辆。那么从8时起到8时40分，共发了几辆车？
答案：5辆。

浸染两个环节。扎花是以缝为主、缝扎结合的手工扎花方法，具有表现范围广泛、刻画细腻、变幻无穷的特点。浸染采用手工反复浸染工艺，形成以花形为中心，变幻玄妙的多层次晕纹，凝重素雅，古朴雅致。

美化衣装——刺绣

刺绣是中国优秀的民族传统工艺之一，因为与养蚕、缫丝分不开，所以刺绣又称“丝绣”。据《尚书》记载，在4000年前的章服制度中，就规定了“衣画而裳绣”。刺绣以绣针引彩线，按设计的花样，在织物上刺缀运针，以绣迹构成纹样或文字，因此又名“针绣”，俗称“绣花”，这是我国优秀的民族传统工艺之一。刺绣多为妇女所作，故又名“女红”。刺绣的针法有齐针、套针、扎针、长短针、打子针、平金、戳沙等几十种，丰富多彩，各有特色。绣品的用途包括生活服装，歌舞或戏曲服饰，台布、枕套、靠垫等生活日用品及屏风、壁挂等陈设品。

一位年轻女教师初次执教小学生美术课。她在黑板上画了一个苹果，问学生：“这是什么呀？”学生异口同声地回答：“屁股。”女教师哭着去找校长，说学生太捣蛋了。校长一听大怒，跟着老师来到教室训斥学生说：“你们越来越不像话了，为什么又把老师气哭了？”说完回头看了一下黑板，又接着训道：“啊！你们还敢在黑板上画屁股！”

战国、两汉时期，我国的刺绣技术就已很高；唐宋刺绣施针匀细、设色丰富，盛行用刺绣作书画、饰件等；明清时的宫廷绣工规模很大，民间刺绣也得到进一步发展，先后产生了苏绣、粤绣、湘绣、蜀绣，号称“四大名绣”。此外尚有顾绣、京绣、瓯绣、鲁绣、闽绣、汴绣、汉绣和苗绣等，都各具风格，沿传迄今，历久不衰。

我来考考你

1. 用染好颜色的彩色经纬线，经提花、织造工艺织出图案的织物是______。
   A. 印染　　B. 织锦　　C. 扎染　　D. 刺绣
2. 刺绣是中国优秀的民族传统工艺之一，刺绣与养蚕、缫丝分不开，所以刺绣，又称“______”。

编织扎制

同学们，你们在街头看到过手工艺人制作风筝、香包、中国结等好玩又好看的手工艺品吗？这些编织扎制的手艺口口相授、代代相传，中国传统艺术的风韵便在手工艺人们的手指间传播开来。

千姿百态的风筝

同学们，你们对风筝一定不陌生吧？风筝是一种传统的民间工艺品。相传墨翟以木头制作飞鸟，三年乃成，这是最早的风筝，后来其学生鲁班改用竹子做风筝，进而演变成为今日的多线风筝。隋唐时期，由于造纸业的发达，民间开始用纸来裱糊风筝。清代，随着放风筝习俗的流行，风筝艺术亦达到鼎盛阶段。除了鹤、燕、蝶、蝉各类风筝之外，还有各种人物风筝，风筝上的人物形象无不惟妙惟肖。

诗词贝贝乐

蜀相

（唐）杜甫

丞相祠堂何处寻，锦官城外柏森森。
映阶碧草自春色，隔叶黄鹂空好音。
三顾频烦天下计，两朝开济老臣心。
出师未捷身先死，长使英雄泪满襟。

中国六大传统风筝产地为开封、北京、天津、潍坊、南通、阳江，而潍坊被各国推崇为“世界风筝之都”。清末时期，潍坊已形成了固定的风筝市场，全国许多地方的商贾都来潍坊购买风筝，一时间潍坊风筝花样翻新，涌现出了一大批手艺高超的风筝艺人。潍坊风筝主要有三种基本造型：串、硬翅和筒形。其中以龙头蜈蚣最突出。现在已发展成许多品种，小的可放在掌上，大的有几百米长，造型、色彩也各不相同，真是千变万化，奇巧百出。

五彩缤纷的花灯

花灯又名“彩灯”，是我国传统农业时代的文化产物，兼具生活功能与艺术特色。花灯起源于汉代，盛于唐代，到宋代遍及民间。隋炀帝时，元宵节期间赏灯活动热闹喜庆，夜夜笙歌，通宵达旦，张灯遂逐渐发展为元宵节的重要活动。唐朝的花灯更是大放异彩，盛极一时，活动规模相当浩大，观灯人潮万头攒动，上至王公贵族，下至贩夫走卒，无不出外赏灯。

中国人迎花灯的习俗至今已有 2000 多年的历史，历代花灯的制作十分讲究，品种繁多，灯式不一，各有流行。台湾花灯俗称“鼓仔灯”，因早期制作时多形似锣鼓而得名，流行的种类有走马灯、骰子灯、圆灯、关刀灯等。花灯通常分为吊灯、座灯、壁灯、提灯几大类，它是用竹木、绫绢、明球、玉佩、丝穗、羽毛、贝壳等材料，经彩扎、裱糊、编结、刺绣、雕刻，再配以剪纸、书画、诗词等装饰制作而成的综合工艺品，也是我国传统的民间手工艺术。

洋话天天说

A：What's the weather like today?
B：It is said it is going to rain.
A：今天天气怎么样?
B：听说要下雨。

生动活泼的木偶

同学们知道“皮诺曹”是谁吗？对了！它就是童话《木偶奇遇记》中的男主角。外国的故事里有木偶人物，殊不知我国古代很早就有木偶了。木偶艺术在我国有着悠久的发展历史，元、明、清以来，木偶戏由城入乡，形成多种风格流派，木偶的造型艺术也因地域不同，出现多种多样的造型特色。

木偶艺术精美绝伦，令人叹为观止，完美的偶人造型艺术也是吸引广大观众的一个重要方面。造型艺术重在木偶的雕刻和设计，提线木偶较高，关键部位均缀以提线，最多可达 30 多条。杖头木偶高于提线木偶，一般高 3 尺左右，装有三条操作线，两条牵动双手，一条支配头部与身躯表演。布袋木偶造型最小，仅有 7 寸左右。

木偶造型艺术家们充分利用现代科技产品，根据时代审美趋向设计制作木偶，使之更富夸张性，更具木偶艺术的特点。现在的木偶，行当齐备，工艺精良，精雕细琢，写意旷达，风韵各异……构成了绚烂多姿的木偶造型世界。

稀奇古怪的面具

同学们，逢年过节的时候有没有戴面具玩过呢？面具是世界上一种独特的古老文化现象，它体现出人类各个民族的多元宗教心态、民俗心态和审美心态。多数古老民族都有自己的面具文化发展史，它是宗教、神灵、图腾的体现，现在仍是神话、历史人物的再现。它也是现代造型、化妆和表演艺术的一个源头，是传统绘画美、雕刻美、造型美和工艺美的集中反映。随着社会的进步，许多古老面具的原有功能已经消失或正在消失。但我们依然可以通过面具去了解古人的文化心态和精神生活，从审美的角度去鉴赏、品味它们的雕刻美、绘画美、造型美和工艺美。

中国面具从制作材料角度分类有金面具、青铜面具、鎏金面具、铁面具、玉面具、木面具、竹面具、布板面具、纸胎面具、塑料面具等。面具的造型上有神话人物、戏剧脸谱、飞禽走兽等。

轻巧别致的竹编

夏天热的时候，同学们一定都睡过凉席吧！其实，凉席、凉枕、扇、箩、筐、篮、箕畚等生活日用品都是竹编产品。竹编是一种传统工艺，也指用竹条、篾片编成的生活用具和观赏陈设品。新石器时期的良渚文化遗物中，已经出现竹编器具。

在我国南方地区，竹子种类丰富多彩，有淡竹、水竹、慈竹、刚竹、毛竹等二百多种。劳动人民用竹材制作家具、编制用品，创造了具有不同艺术特色的多种编织工艺，逐渐形成富于地方特点的竹编用具和手工艺品，如安徽的舒席、四川的竹丝扇和瓷胎竹编等。其中，四川自贡艺人龚玉璋的扇子，称为“龚扇子”，所用篾丝，细如绢纱，极为精致。竹编制作，一般经过剖丝、切丝、刮削、磨光、编结等过程。制作过程是先将竹子剖削成粗细匀净的篾丝，经过切丝、刮纹、打光和劈细等工序，编结成各种精巧的生活日用品，如竹篮、果盒、屏风、门帘、扇子等。主要产地有浙江东阳、嵊州，福建泉州、古田，上海嘉定，四川自贡等。

款式多样的草柳编

思维对对碰

题目：一只苹果的重量等于一只橘子加上一只草莓的重量，而一只苹果加上一只橘子的重量等于 9 只草莓的重量，请问，一只橘子的重量等于多少只草莓的重量？
答案：4 只。

草柳编和竹编一样，也是编织工艺的一种，只不过所使用的材料与竹编不同。草柳编工艺品是用茅草、麦秆、玉米皮、柳条等编制而成的。起初主要是劳动人民自编自用，以实用为主、欣赏为次，后又发展出很多专门用于欣赏、陈设的美术用品。草柳编工艺品，品种齐全、款式新颖、经久耐用、工艺精细，既有较高的实用价值，又有较高的欣赏价值。草编、柳编两种制品的生产过程基本一样，大体分为选料、上色、浸泡、编织、熏蒸、晾晒、刷漆等七个环节，全部采用手工制作。最常见的草编工艺品有果盒、纸篓、果盘、花盆套、圆盘、吊盘、提篮、壁篮等；柳编工艺品又有花盆套、面包筐、花篮、果盘、花盘、童篮、提篮、猫窝、鸟窝、鸡蛋篮、壁篮等，款式多样、品种极为繁多，在日常生活中既实用又美观。

香气四溢的香包

同学们，你们有没有戴过做工精致漂亮、闻起来香气四溢的香包呢？香包也叫“香囊”，古代称“佩帏”“容臭”“香袋儿”“荷包”。它是用彩色丝线在彩绸上绣制出各种内涵古老神奇、博大精深的图案纹饰，缝制成形状各异、大小不等的小绣囊，内装以多种

具浓烈芳香气味的中草药研制的细末，以作节令志庆、生活实用和观赏品玩用。

甘肃庆阳是我国香包的著名产地，在那里，香包俗称“绌绌”或“耍活”。庆阳香包刺绣起源于黄帝时代，初创于岐伯之手，发展于秦汉、唐宋年代，成熟于明清时期，形成了自己独特的艺术风格。庆阳香包具有明显的地域特色：既粗犷豪放，又精细纤丽；既浓烈娇艳，又清纯素雅；既是大写意，又是纯工笔。其构图简洁明快，寓意传统古老；色彩大红大绿，过度跨越色谱；绣面厚实沉重，形态稚拙传神；绣工细密精整，针脚平齐如画；针法丰富多变，品种千姿百态。

象征祥瑞的中国结

肚皮笑笑破

学生：“老师，你的头怎么秃了？”
老师：“那是绝顶聪明。”
学生：“那我也把头剃光算了。”
老师：“那是自作聪明。”

中国结一般是由一根数尺长的彩绳通过绾、结、穿、缠、绕、编、抽等多种工艺技巧，严格地按照一定的章法循环有致、连绵不断地编制而成，其形式多为上下一致、左右对称、正反相同、首尾可以互相衔接的完整造型。绳结样式既多，花样也巧，作为装饰的用途相当广泛，日常生活中的大小用品如窗帘、帐钩、肩坠、笛箫、香袋、发簪、项链、眼镜袋、烟袋……下方常编有美观的装饰结，这些结常有吉祥的含义。如今巧手的人们看中它这种东方文化的巧妙神韵，把它重新定义为项链、手镯、耳坠、头饰、发夹等诸如此类服饰的配件，发挥其作为典雅饰品的独立价值。

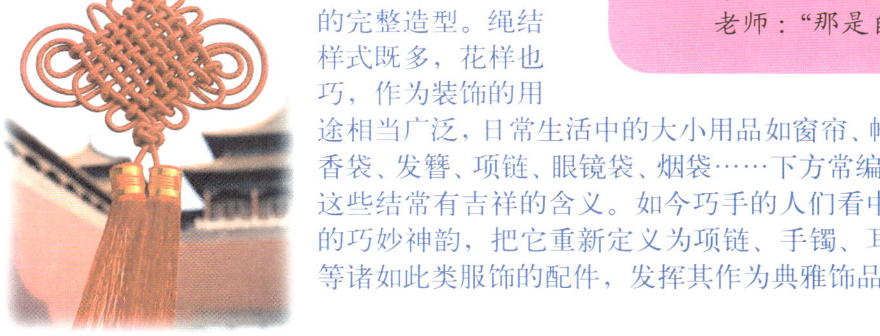

我来考考你

1. 中国六大传统风筝产地分别是______、______、______、______、______、______。
2. 香包也叫“______”，古代称“佩帏”“容臭”“香袋儿”“荷包”。

器具工艺

同学们，“中国”英文叫“China”，有“瓷器”的意思，足见我国古代的陶瓷技艺在世界上早已是闻名遐迩了。除了陶瓷技艺之外，我国青铜器制作、景泰蓝工艺等在历史上也都有着巨大的成就！

精美的陶瓷

陶瓷是陶器和瓷器的总称。它包括由黏土或含有黏土的混合物经混炼、成形、煅烧而制成的各种制品。由最粗糙的土器到最精细的精陶和瓷器都属于它的范畴。

诗词贝贝乐

山居秋暝

（唐）王维

空山新雨后，天气晚来秋。
明月松间照，清泉石上流。
竹喧归浣女，莲动下渔舟。
随意春芳歇，王孙自可留。

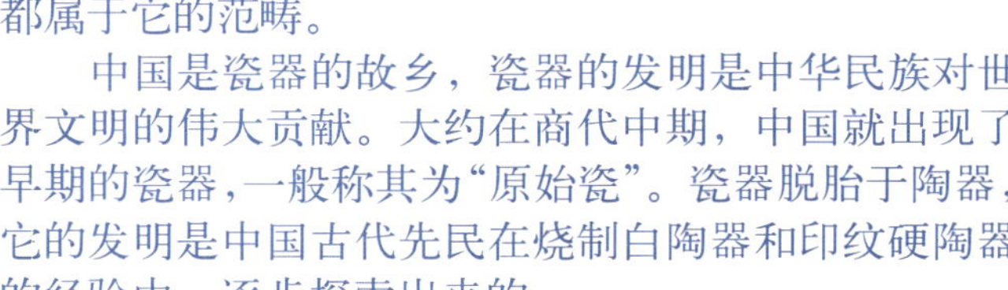

中国是瓷器的故乡，瓷器的发明是中华民族对世界文明的伟大贡献。大约在商代中期，中国就出现了早期的瓷器，一般称其为“原始瓷”。瓷器脱胎于陶器，它的发明是中国古代先民在烧制白陶器和印纹硬陶器的经验中，逐步探索出来的。

原始瓷作为由陶器向瓷器过渡时期的产物，与各种陶器相比，具有胎质致密、经久耐用、便于清洗、外观华美等特点。至宋代时，名瓷名窑已遍及大半个中国，当时的钧窑、哥窑、官窑、汝窑和定窑并称为“五大名窑”。被称为“瓷都”的江西景德镇在元代出产的青花瓷已成为瓷器的代表。青花瓷釉质透明如水、胎体质薄轻巧，洁白的瓷体上敷以蓝色纹饰，素雅清新、充满生机。青花瓷刚问世便风靡一时，成为景德镇的传统名瓷之冠。与青花瓷并称“四大名瓷”的还有青花玲珑瓷、粉彩瓷和颜色釉瓷。另外，还有雕塑瓷、薄胎瓷、五彩胎瓷等，均精美异常，各有特色。

洋话天天说

A：Today it is very cold. Put on more clothes.
B：I don't think so.
A：今天非常冷，多穿件衣服吧！
B：我不这样认为。

珍贵的漆器

漆器，就是用漆涂在各种器物的表面上所制成的日常器具及工艺品和美术品，也是中国古代在化学工艺及工艺美术方面的重要发明。

生漆是从漆树上割取的天然液汁，用它作涂料有耐潮、耐高温、耐腐蚀等特殊功效，又可以

配制出不同的色彩。早期漆器一般在简单木、竹胎上上漆，既可防腐，也可用于装饰。随着漆工艺的发展，逐步出现在各种器物上彩绘、描金、戗（qiāng）金、填漆等工艺，或在器胎上漆至一定厚度，再在上面雕刻图案的做法，还有的在漆器上镶嵌金、银、铜、螺钿、玉牙及宝石，以组成华丽的花纹，千文万华，纷然不可胜识。

漆器的制作工艺相当复杂，一般胎体为木制，偶尔也用陶瓷、铜或其他材料，也有用固化的漆直接刻制而不用胎。胎体完成，漆器艺人运用多种技法对表面进行装饰。漆层在潮湿条件下干燥，固化后非常坚硬，有耐酸、耐碱、耐磨的特性。其主要特点是可以抛光到与瓷器媲美。唐代的金银平脱、宋代的一色漆器、

元代的雕漆、明代的百宝嵌、清代的脱胎漆器等，都是历代有代表性的特色名品。

考究的景泰蓝

思维对对碰

题目：按规律填数：54321　43215　32154　（　　）　15432

答案：21543。

景泰蓝又名“铜胎掐丝珐琅”，是一种瓷铜结合的独特工艺品，这种珐琅器创始于明代景泰年间，因初创时只有蓝色，故名“景泰蓝”。现在虽然各色具备，但仍然使用以前的名字，因为景泰蓝已变为一种工艺的名称，而不是颜色的名称了。

景泰蓝作为一种美术工艺品，是在铜器表面上以各色珐琅质涂成花纹，花纹的四周嵌以铜丝或金银丝，再用高温烧制而成。制作时先要用紫铜制胎，接着工艺师在上面作画，再用铜丝在铜胎上根据所画的图案粘出相应的花纹，然后用色彩不同的珐琅釉料镶嵌在图案中，最后再经反复烧结，磨光镀金而成。景泰蓝的制作既运用了青铜和瓷器工艺，又融入了传统手工绘画和雕刻技艺，堪称中国传统工艺的集大成者。

现在，景泰蓝的制作工艺大有提高，造型多样，纹饰品种繁多，已成为我们与国际友人和亲朋好友互相馈赠的最佳礼品了。

古朴的青铜器

肚皮笑笑破

手工课上，老师叫起一位昏睡的同学回答问题。该同学迷迷糊糊啥也说不出。老师无奈地说：“你会不会呀？不会也吱一声啊！”该同学：“吱……”老师汗下。

青铜器流行于新石器时代晚期至秦汉时代，以商周器物最为精美。最初出现的是小型工具或饰物，夏代始有青铜容器和兵器。商中期，青铜器品种已很丰富，并出现了铭文和精细的花纹。商晚期至西周早期，是青铜器发展的鼎盛时期，器型多种多样，浑厚

凝重，铭文逐渐加长，花纹繁缛富丽。

中国青铜器不但数量多，而且造型丰富、品种繁多。有酒器、食器、水器、乐器、兵器、农具与工具、车马器、生活用具、货币、玺印，等等。单在酒器中又有爵、角、觯、尊、壶、卣(yǒu)、方彝、觥、罍(léi)、勺等二十多个器种，而每一器种在每个时代、每个地区都呈现不同的风采。

中国古代青铜器，是我们的祖先对人类物质文明的巨大贡献，就铜器的使用规模、铸造工艺、造型艺术及品种而言，世界上没有一个地方的铜器可以与中国古代青铜器相匹敌。这也是中国古代青铜器在世界艺术史上占有独特地位并引起普遍重视的原因之一。

我来考考你

1. 陶瓷是经过______、______、______而制成的。
2. 景泰蓝又名“__________”，是一种瓷铜结合的独特工艺品。

雕塑工艺

同学们，你们是不是都很喜欢街上那些民间艺人用他们的巧手捏出来的那些栩栩如生的小面人？其实，中国还有很多类似的工艺品，它们都是我国民间艺术的瑰宝，是我们民族文化的骄傲。

质朴高雅的木雕

木雕是以雕刻材料分类的民间美术品种，一般选用质地细密坚韧、不易变形的树种，如楠木、紫檀、樟木、柏木、银杏、沉香、红木、龙眼等。木雕采用圆雕、浮雕、镂雕或几种技法并用，有的还涂色施彩用以保护木质和美化。木雕的雕刻刀种类有很多，基本分为两大类，一类是“翁管形”的坯刀，俗称“砍大荒”“毛坯刀”，一类是“钻条形”的修光刀，主要用于掘细坯和修光。最宽的凿有4～6厘米，最窄的凿只有针尖那么点儿。

历史上，战国和汉代有大量木雕俑和动物雕刻，唐宋时有人物、仙佛、鸟兽等，明清时代小型木雕摆件、建筑木雕装饰和木雕日用品大为发展，并形成地方特色，如东阳木雕、广东金漆木雕、福建龙眼木雕等。现在，木雕出现不少以民间传说、戏曲、历史故事为题材的作品，同时注重发挥木质本身的美感，相形度势，因材得意，成为深受人们喜爱的艺术品。

坚固精巧的石雕

石刻艺术是造型艺术中的一个重要门类，在中国有着悠久的历史。中国古代石刻种类繁多，古代艺术家和匠师们广泛地运用圆雕、浮雕、透雕、减地平雕、线刻等各种技法创造出众多风格各异、生动多姿的石刻艺术品。

登高

（唐）杜甫

风急天高猿啸哀，渚清沙白鸟飞回。
无边落木萧萧下，不尽长江滚滚来。
万里悲秋常作客，百年多病独登台。
艰难苦恨繁霜鬓，潦倒新停浊酒杯。

石材坚实耐风化，因而在建筑中，除了用于石塔、石桥、石坊、石亭、石墓外，更广泛地应用于建筑构件和装饰上。大体分为三类：一是作为建筑构件的门框、栏板、抱鼓石、台阶、柱础、梁枋、井圈等；二是作为建筑物附属体的石碑、石狮、石华表以及石像生等；三是作为建筑物中的陈设，如石香炉、石五供等。

在珠江口发现的多处岩刻，以复杂的抽象图案为主，采用凿刻的技法，明文凿刻，线条清晰，从复杂的线条中还可辨认出人物和船刻。据研究，该处岩刻年代约为公元前1000年，是青铜时代的作品。古代石刻种类齐全、时代序列较完整，特别是汉唐石刻，气势雄浑、生动精美，在中国古代雕塑史上占有独特的地位。

造型多变的泥塑

泥塑艺术是我国一种古老而常见的民间艺术，它以泥土为原料，以手工捏制成形，或素或彩，以人物、动物为主。泥塑的泥土需精心准备，一般选用带些黏性又细腻的土，

经过捶打、摔、揉，有时还要在泥土里加些棉絮、纸或蜂蜜。泥塑的模制一般分为四步：制子儿、翻模、脱胎、着色。

我国泥塑艺术可上溯到距今4000～10000年前的新石器时期。河姆渡文化遗址出土的陶猪、陶羊时间约为6000～7000年前，可以确认是人类早期手工捏制的艺术品。两汉以后，随着道教的兴起和佛教的传入以及多神化的奉祀活动的发展，社会上的道观、佛寺、庙堂兴起，直接促进了对泥塑偶像的需求和泥塑艺术的发展。泥塑艺术发展到宋代，小型泥塑玩具也发展起来。现在，有许多人专门从事泥人制作，作为商品出售，既可观赏陈设，又可让儿童玩耍，其中较著名的产地有天津，陕西凤翔，河北白沟，山东高密，河南浚县、淮阳以及北京等，遍布全国各地。

A：It is time to get up. It is seven thirty.

B：Oh, I must be quick or I will be late.

A：已经7:30了，该起床了。

B：哦，我必须快点了，否则就晚了。

栩栩如生的面塑

面塑俗称“捏面人”，它以糯米面为主料，调成不同色彩，用手和简单工具，塑造各种栩栩如生的形象。面塑按其使用功能可分为两类，一类是专用于收藏的面塑，另一类是可以食用的面塑。用于收藏的面塑通常用精面粉、糯米粉、盐、防腐剂及香油等制成，而用于食用的面塑则用澄粉、生粉等制成。就捏制风格来说，黄河流域的面塑古朴、粗犷、豪放、深厚；长江流域的面塑细致、优美、精巧。

捏面艺人根据所需随手取材，在手中几经捏、搓、揉、掀，用小竹刀灵巧地点、切、刻、划，塑成身、手、头面，披上发饰和衣裳，顷刻之间，栩栩如生的艺术形象便脱手而成。婀娜多姿、衣裙飘逸的美女，天真烂漫的儿童，各种神话、戏剧、历史人物盛在精致的玻璃框内，就成为人们喜爱的工艺美术品。面塑艺术早已成为中国文化和民间艺术的一部分，也是从事历史、考古、民俗、雕塑、美学研究不可忽视的实物资料。

思维对对碰

题目：巧算数字1~10之和。

答案：55（1+9+2+8+3+7+4+6+5+10）。

名贵考究的漆雕

漆雕是我国的传统工艺，也叫“剔红”，一般是指在堆起的平面漆胎上剔刻花纹的一种技法。其技艺始于唐代，工艺流程极其复杂，包括制漆、制胎、打磨、做里、退光等，过程繁复，用时很长，因此大型漆雕艺术品也极其昂贵，在古代一直是皇室贵胄的陈设品。传统的漆雕工艺经过艺人们的辛苦钻研，如今已经逐渐完美和成熟起来，所制作出来的漆器也已成为独具特色的工艺美术品。北京漆雕与湖南湘绣、江西景德镇瓷器齐名，被誉为“中国工艺美术三长”。多年来，漆雕以其独特的工艺、精致华美而不失庄重感的造型受到海内外漆雕艺术爱好者的青睐。

珠光莹润的贝雕

肚皮笑笑破

小宝去瓜地买瓜。他挑了一个又大又好的瓜，问道：“这个瓜多少钱？”卖瓜人说：“给五角钱吧。”“我只有一角钱。”小宝说。“这样吧，”卖瓜人指着一个又小又青的瓜说，“把那个瓜卖给你吧！”“好吧！我就要这个。”小宝说，“不过，现在不能摘下来，过半个月我再来拿！”

贝壳的种类很多，是大自然鬼斧神工之作，色彩和纹理也很美丽，有的还是很妙的反光体。贝雕就是选用这些有色贝壳，巧用其天然色泽和纹理、形状，经剪取、车磨、抛光、堆砌、粘贴等工序精心雕琢成平贴、半浮雕、镶嵌、立体等多种形式和规格的工艺品。

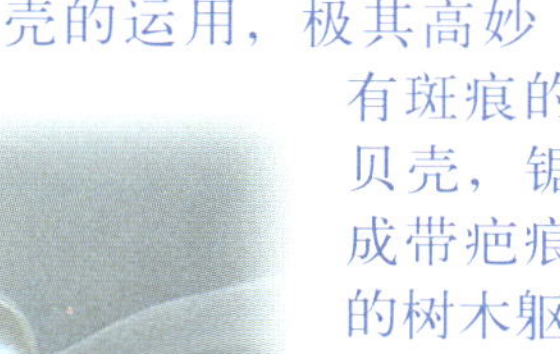

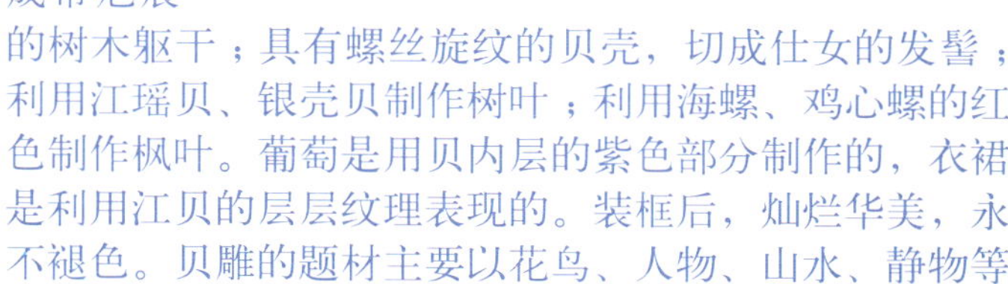

民间艺人对贝壳的运用，极其高妙：有斑痕的贝壳，锯成带疤痕的树木躯干；具有螺丝旋纹的贝壳，切成仕女的发髻；利用江瑶贝、银壳贝制作树叶；利用海螺、鸡心螺的红色制作枫叶。葡萄是用贝内层的紫色部分制作的，衣裙是利用江贝的层层纹理表现的。装框后，灿烂华美，永不褪色。贝雕的题材主要以花鸟、人物、山水、静物等为主，珠光莹润、古朴典雅，具有鲜明的装饰性和观赏性。同学们一般都对贝壳很感兴趣，那么，你们不妨也多多收集一些由这些贝壳制作而成的精美的贝雕艺术品吧！

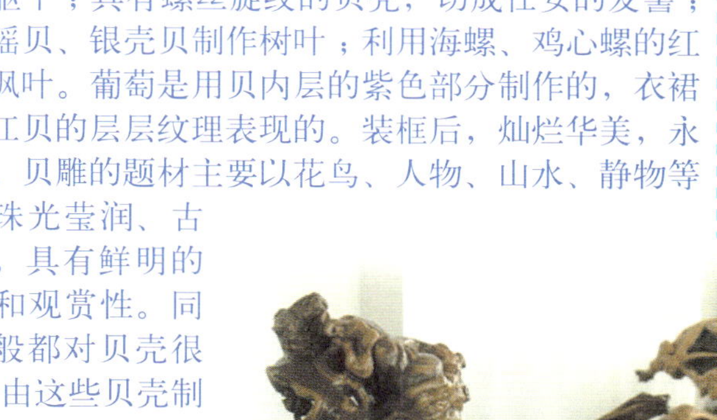

巧夺天工的根雕

根雕艺术在我国有着悠久的发展历史。现存最早的根雕作品，是战国时期的“辟邪”和角形器，说明根雕在古代已具有一定的艺术水平。《南齐书》中有齐高祖赠予隐士僧绍竹根“如意”的记载，同时出现了一些根制实用品、陈设品和家具。唐代诗人韩愈的《题木居士》诗中，也描述了一件根雕“人物”作品。宋元时期根雕作品在宫廷和民间发展，而且有些画家也以根雕作品作为创作的素材。《百乐鼓琴图》中画的许多摆放品就是根雕作品。明代根雕作品更加具有独到的艺术特色。清代涌现出一大批根雕艺术家，使根雕创作发展到一个新阶段。他们继承了木雕艺术的传统，创作了许多优秀根艺作品。至今在北京的故宫、颐和园及上海的豫园中，仍收藏着许多清代的根雕珍品。

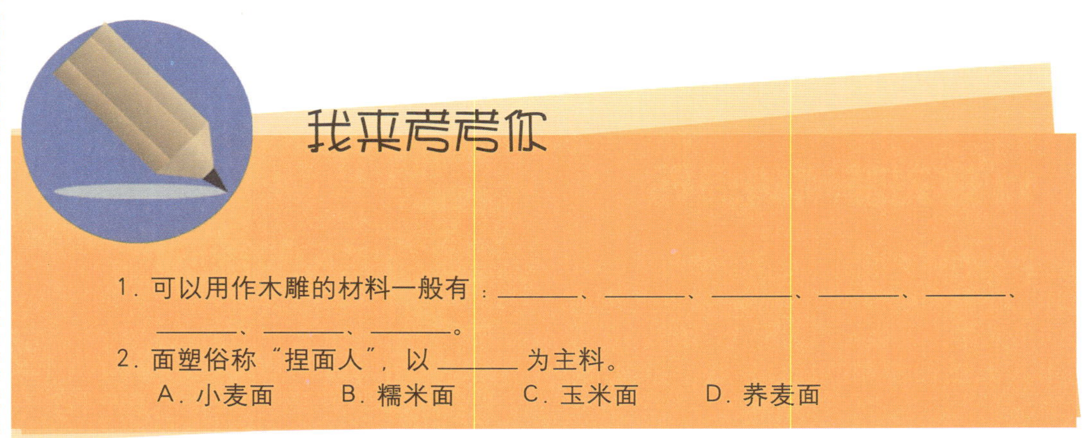

我来考考你

1. 可以用作木雕的材料一般有：______、______、______、______、______、______、______、______。

2. 面塑俗称“捏面人”，以______为主料。
   A. 小麦面　B. 糯米面　C. 玉米面　D. 荞麦面